跨省经济协作的探索与实践

——以武陵山龙山来凤经济协作示范区为例

龙凤示范区研究中心　编著

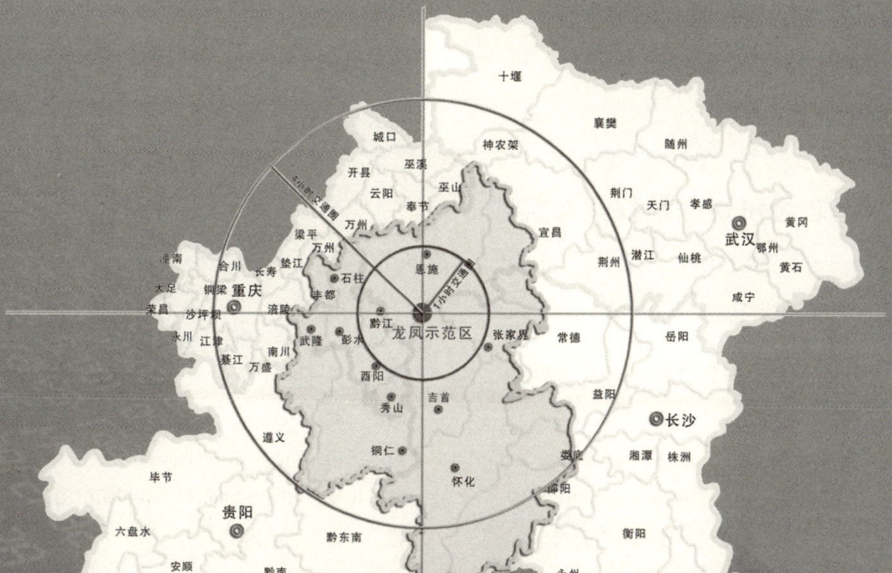

知识产权出版社
全国百佳图书出版单位

图书在版编目（CIP）数据

跨省经济协作的探索与实践：以武陵山龙山来凤经济协作示范区为例／龙凤示范区研究中心编著．—北京：知识产权出版社，2016.9

ISBN 978-7-5130-4399-1

Ⅰ.①跨…　Ⅱ.①龙…　Ⅲ.①经济协作区—区域经济合作—研究—龙山县、来凤县　Ⅳ.①F127.6

中国版本图书馆CIP数据核字（2016）第192761号

责任编辑：李学军　　**责任出版：**刘译文

封面设计：刘　伟

跨省经济协作的探索与实践

——以武陵山龙山来凤经济协作示范区为例

龙凤示范区研究中心　编著

出版发行：知识产权出版社有限责任公司	**网　　址：**http://www.ipph.cn
社　　址：北京市海淀区西外太平庄55号	**邮　　编：**100081
责编电话：010-82000860转8559	**责编邮箱：**752606025@qq.com
发行电话：010-82000860转8101/8102	**发行传真：**010-82000893/82005070/82000270
印　　刷：北京科信印刷有限公司	**经　　销：**各大网上书店、新华书店及相关专业书店
开　　本：787mm×1092mm　1/16	**印　　张：**13.75
版　　次：2016年9月第1版	**印　　次：**2016年9月第1次印刷
字　　数：205千字	**定　　价：**52.00元

ISBN 978-7-5130-4399-1

《跨省经济协作的探索与实践》
编委会

学术指导：邓联繁

主　　编：蔡　龙　石红梅　谭贤安

副 主 编：罗继学　车丕湘　郑　平

执　　笔：（以姓氏笔画为序）

车丕湘　石秀梅　朱明鑫　向　阳　向云萍

向迎春　刘发万　刘姝问　严国庆　杨　林

杨沧海　吴文勇　陈海珍　罗继学　郑　平

赵志红　姚元述　姚家安　徐毓吾　唐大成

詹文明　谭秀丽　谭贤安　谭强龙

目录

contents

序一

2011 年 10 月 22 日，国务院批复同意《武陵山片区区域发展与扶贫攻坚规划（2011—2020 年)》，该规划中明确规定“设立武陵山龙山来凤经济协作示范区”（以下简称龙凤示范区）。至此，龙凤示范区正式上升为国家战略，为龙山县与来凤县带来了发展的新机遇。我认为，这是湖南省和湖北省以及湘西州和恩施州的一件大事、好事，更是龙山县和来凤县的一件大事、好事。但是，要把这件大事好事做好做实，就不是一件简单的事情，有许多工作要做，其中，更需要对龙凤示范区的方方面面进行全面深入的研究和探讨，理清思路，探寻路径。为此，龙山县不失时机地成立了“龙凤示范区研究中心”，并组织专家团队深入研究，为实现这一任务打下了基础。

自“龙凤示范区研究中心”成立以来，研究中心的专家们，抱着如何很好地落实国家战略的责任感，造福两县人民，他们深入开展龙凤示范区区情与对策研究，孜孜不倦地研习区域经济理论，苦苦探索区域经济社会发展的实践问题。如今，经过几年的艰苦调研、思考和探索，他们的集体智慧成果——《跨省经济协作的探索与实践——以武陵山龙山来凤经济协作示范区为例》即将出版，这是一件十分可喜可贺的好事。

在该书即将出版之际，我受“龙凤示范区研究中心”的嘱托，为之作序。我见到书稿之后，认真拜读了该研究成果，觉得本书有如下一些优点，值得赞赏。

1. 研究的视野很开阔

研究成果以整个龙凤示范区的区域范围作为研究对象，一方面立足实际，把龙凤示范区放在湘西自治州、恩施自治州、张家界市、黔江区等区域范围内进行综合比较，分析和研究全面系统，具有很强的区域性和整体性。另一方面，又把龙凤示范区放在国情省情的大背景下进行研究，专家们结合泛珠三角地区、京津冀地区、武汉城市圈、长株潭一体化等区域经济发展经验，吸收精华，为我所用。不仅如此，该研究成果还把龙凤示范区放在世界背景下来考量，比如说，吸收借鉴欧盟、北美自由贸易区、东盟自由贸易区等区域发展的经验。这样的视野有利于准确把握龙凤示范区研究的方向和定位，有利于为龙凤示范区战略的实施提供理论支撑和智力支持。

2. 研究的问题很准确

该研究成果紧紧抓住龙凤示范区发展的重要方面，贯穿着强烈的问题意识，专家们以问题为导向，紧扣龙凤示范区经济社会发展的重大实际问题，紧贴龙凤示范区人民群众的所思所盼，对区域投融资建设、经营城市的路径、特色文化与旅游业融合发展、农村环境治理、土地流转机制创新、人才队伍建设、项目建设、区域可持续发展等具有鲜明地域特色的热点难点问题，进行了客观细致的分析和全面系统的研究。他们善于总结发展中的新经验，善于探索解决问题的新办法，善于找到攻坚克难的好措施，为龙凤示范区的发展提供了很好的资政服务。

3. 研究的作风很严谨

近年来，龙凤示范区研究中心的专家们，饱含着对这片土地和人民的感情和责任，坚持深入基层，深入实际开展调查研究，足迹遍及武陵山片区的山山水水，身影穿梭于千家万户，掌握了大量的第一手资料。该研究成果既有专家们深思熟虑地理论思考和对策建议，又总结了大量的区域协作开发、区域协作开放、区域协作带动等方面的典型范例和成功经验；既有科学的理论支撑，又有规范的实证分析，彰显了严谨务实的科学态度，使该研究成果具有权威性。

“龙凤示范区”的湖南省龙山县和湖北省来凤县均属于我国的老少边穷地区，如何借助“龙凤示范区”这个国家战略，实现两县的全面发展，还有很多问题需要深入探讨和研究，期待“龙凤示范区研究中心”的专家们继续开拓思路，勇于创新，更进一步深入研究龙凤示范区，为龙凤示范区经济社会发展提供强有力的智力支持，为全省乃至全国区域发展和扶贫攻坚作出示范。

总之，《跨省经济协作的探索与实践——以武陵山龙山来凤经济协作示范区为例》是一项融区域经济理论与实践于一体、诊断现实脉动与探索未来发展相结合、具有浓郁乡土气息和民族区域特色的经济研究成果，对于武陵山片区各级领导干部，以及广大的经济工作者，皆有重要的资政和参考价值。

是为序。

张国骥

2016 年 7 月于长沙

序二

龙山，隶属于湖南省湘西土家苗族自治州，地处武陵山脉腹地，连荆楚而挽巴蜀，历史上被称为“湘鄂川之孔道”。过去，我曾多次到过龙山，现在又来龙山兼职，更加真切地领略了龙山的魅力，让我对龙山有一种视觉如画、心灵如书的感觉。

龙山来凤经济协作示范区是2011年10月经国务院批复设立的，作为全国14个集中连片特困地区唯一的跨省经济协作示范区，享有国家贫困地区区域发展与扶贫攻坚、国家西部大开发等多重政策叠加优势，为全国扶贫攻坚发挥示范引领作用。近年来，县委、县政府抢抓机遇、主动作为、先行先试，经济协作示范区建设工作取得了一定成效。

龙山县委党校将龙山、来凤两县党校部分同志几年来对龙凤经济协作示范区建设的见解、思考文章，汇集成一本《跨省经济协作的探索与实践——以武陵山龙山来凤经济协作示范区为例》出版，我认为这是一件好事，可喜可贺。龙山县委党校校长谭贤安同志邀请我为该书作序，我欣然应允。

打开这本文集，一缕缕清香、一份份感动扑面而来。字里行间渗透着一个个作者人性的光辉，承载着龙山来凤两县人们攻坚克难、积极探索的经历；一篇篇学术文章，记录着每位作者心灵的对话，迸溅出龙山来凤两县人们脱贫致富、建设小康的火花……

《跨省经济协作的探索与实践——以武陵山龙山来凤经济协作示范区为例》沉甸甸的，凝聚着龙山县委党校人的认真与执着，折射出龙山县委党校人的睿智与灵性。

龙山来凤经济协作示范区，还有很多工作要做，我们今天的努力还远远不够，这就要求我们还需要进一步学习、思考、质疑、实践和创新。

《跨省经济协作的探索与实践——以武陵山龙山来凤经济协作示范区为例》对龙山来凤经济协作示范区的研究还是初步的，龙山来凤经济协作示范区的实践探索仍在砥砺前行，希望更多的有识之士投入到龙山来凤经济协作示范区的理论研究和实践探索中来，为龙山来凤的经济社会发展，为更大范围的区域经济协作提供参考。

希望龙山县委党校积极拓展与省委党校、州委党校、邻县兄弟党校及高等院校、科研机构的交流合作，推进教学、科研、资政一体化，努力做到在县委、县政府决策中能看到党校科研成果，在党建理论宣传中能听到党校声音，在县各级各部门能用到党校咨询服务。充分调动广大教研人员的积极性和创造性，让更多科研成果、对策建议进县委、县政府决策，努力成为县委、县政府信得过、离不开的高水平的有党校特色的理论智库。切实在更广的领域、更深的层面开展龙山来凤经济协作示范区的探索、研究和实践，努力把龙山县建设成为国内知名旅游目的地、湖南省边界窗口城市、湘鄂渝边区重要物流集散地。

是为序。

周　云

2016 年 7 月于龙山

前言

伴随着中华民族伟大复兴中国梦的铿锵脚步，龙凤大地正涌动着一波高过一波改革开放的浪潮、和谐发展的浪潮，这一切的一切，无时无处不在吸引我们关注和期待的目光……

推进武陵山龙凤经济协作示范区建设，是落实国家实施武陵山片区区域发展与扶贫攻坚战略的重大举措，也是龙山、来凤两县县委、县政府全面推动龙凤一体化发展的重大战略。如何在我国经济发展进入新常态的形势下，认识新常态，适应新常态，引领新常态，顺势而为，乘势而上，使龙凤示范区在武陵山片区率先作为，率先发展，率先崛起，是时代摆在龙山、来凤两县人民面前的一个重大而迫切的课题。龙山县委党校作为干部培训轮训的主渠道主阵地，作为党的决策咨询思想库，其科研工作始终紧紧围绕和服务县委政府的发展战略和中心工作。《跨省经济协作的探索与实践——以武陵山龙山来凤经济协作示范区为例》就是龙山县委党校在这几年科研中，对这一重大课题研究和探索留下的部分成果。

中共十八大之后，习近平总书记审时度势，亲自提出和推动了许多全新的区域发展战略构想和战略举措，比如中国（上海）自由贸易试验区、京津冀协同发展、长江经济带、丝绸之路经济带、海上丝绸之路等，这些国家战略，从点到线再到面，从陆上到海上再到海外，打破了单纯的行政区划甚至国界限制，把区域经济规划扩大到跨市、跨省乃至跨国，为传统区域发展赋予了全新的内涵，注入了鲜活的动力，引领了中国区域发展迈进新的时代。龙凤示范区位于吉首、怀化、铜仁、张家界、黔江多边城市网络的地理中心，既具备建设区域性中心城市的战略条件，又存在自身发展的矛盾和困难，如城镇化率偏低，城市规模不大，资金投入不足，城市发展的动力机制未形成等。随着国家对《武陵山片区区域发展与扶贫攻坚规划》的继续实施，规划提出行政管理、要素市场、投融资体制等领域的改革，全面推进城乡统筹、基础设施、公共服务、特色产业、生态建设与环境维护等一体化建设，给龙凤示范区带来了新的机遇和新的挑战，为把龙凤示范区打造成武陵山片区的重要城市和经济增长极夯实了基础。

《跨省经济协作的探索与实践——以武陵山龙山来凤经济协作示范区为例》以龙凤示范区建设为主题，以打造武陵山片区重要城市和增长极为目标，以推进龙山、来凤一体化为手段，在区域合作、脱贫攻坚的机制和框架下，全面探讨了龙凤示范区的经济、文化、生态等建设，既有推动发展的顶层设计和手段方法，又有调查研究的实证检验，为科学回答龙凤示范区在武陵山片区、打造跨省经济示范区样本的战略问题进行了深入的探讨，充分体现了龙山县委党校的全局眼光、理论素养和党性责任。

在武陵山片区，龙凤示范区具有首位的交通区位条件，广阔的发展空间，推动龙凤示范区发展既是龙山、来凤两县自身发展的迫切需要，也是实现龙凤双城一体化、区域协调的客观需要。

把资源优势和区位优势转化为发展优势和竞争优势，是一个不断超越自我的过程，只要路在继续，寻找就在继续……

编　者

2016 年 7 月

武陵山龙山来凤经济协作示范区的诞生及其建设

在武陵山腹地龙凤盆地中央，镶嵌着两座紧紧相连的小县城——湖南省龙山县和湖北省来凤县。跨省相邻的龙山、来凤两县山同脉、水同源、人同宗、民同俗，两县人民世代友好。两县县城仅一水（酉水）之隔，且县名中一“龙”一“凤”，这在全国绝无仅有。秉承国家西部大开发及实施武陵山区域发展和扶贫攻坚战略的大好机遇，经过龙山、来凤两县的精诚合作和共同努力，终于获得了国务院设立“武陵山龙山来凤经济协作示范区”（简称龙凤示范区）的批复。至此，龙山、来凤两县的发展进入了一个新的历史机遇期。

一、龙凤示范区设立的背景

龙凤示范区的设立，既有国际国内区域经济一体化发展趋势的历史背景，也有龙山、来凤两地文化共通相融，两县城市建设比翼齐飞，龙山、来凤两县人民愿意抱团发展等现实背景，还有国家实施西部大开发和贫困地区扶贫攻坚战略的政策背景。

21 世纪是经济一体化的世纪，经济一体化、跨区域合作的浪潮席卷全球。一些地理位置相近的国家或地区通过加强经济合作、消除因行政分割而造成的经济壁垒，极大地推动了区域经济的快速发展。在国际上，有欧洲经济共同体、北美自由贸易区、东盟自由贸易区等，在国内有长三角地区、泛珠三角地区、京津冀地区、长株潭一体化、武汉城市圈等。试行城市一体化、跨区域合作模式，不但能有效解决单个城市扩张中的种种弊端，还可以通过城市之间的职能分化、功能互补，在保持集聚效应的基础上，扩大区域之间的交流，并带动区域经济的发展。城市一体化、跨区域合作意味着，资金、产品、人才、技术等市场要素在不同城市之间的流动像在一个城市一样，不因其流动跨行政边界而增加额外成本。区域经济一体化的理论和实践为龙凤示范区的成立与建设提供了基础。

（一）龙山来凤两县具有城市一体化的空间形态

龙山、来凤地处酉水源区域，酉水为两县主干河流。据卫星地图测距，两县酉水的共同河段41.06公里。其中酉水从关口到龙嘴峡（两县共有河段）长17.698公里，蜿蜒曲折，共10道弯，与蓝河、果利河等支流冲积形成一个168平方公里的冲积盆地（龙凤盆地）。龙凤盆地一马平川，无溶洞、滑坡、断层、塌陷等不利因素，开发建设成本相对较低。平坦宽广的地貌为城市发展提供了良好的平台，是龙山来凤两个县城一体化最天然的硬件要素。而两县县城隔河相望，相距不足7公里，且相互靠拢、连成一片的势头非常强劲，地理区位十分独特。

（二）龙山来凤两县具有城市一体化的文化背景

区域文化是龙山、来凤两地城市一体化发展的重要基础。龙山和来凤同处酉水源，所谓山同脉、水同源、人同宗、民同俗是对两县关系最精辟的概括。相同的地理环境，促使区域内居民在语言、宗教信仰、艺术形式、生活习惯、道德观念及心理、性格、行为等方面具有一致性，从而形成一致的区域文化。区域文化是区域内形成的思想意识的总和，是在历史发展过程中逐渐形成的，反映了一个地区特定的人文历史境遇，相同的区域文化，奠定了这个区域和睦相处、共同发展的基础。

龙山来凤两县实现城市一体化的基础就是文化认同。龙山和来凤都是多民族聚居地区，主要的少数民族是土家族和苗族，据2000年第五次人口普查统计，龙山县土家族、苗族占全县总人口的63.77%，来凤县土家族、苗族占全县总人口的51.83%。龙山和来凤在文化上同根同源，不仅都有悠久的历史，而且还有相同或相近的表现形式。在民族信仰和民族崇拜上，有一致的祖先崇拜、巫教信仰和对外来佛教的认同，龙山、来凤两县民众历史上就相互通婚，而且非常普遍，在饮食文化、生活生产习俗、婚丧嫁娶的习俗等方面，龙山、来凤两县几乎没有差别。两县五次双双获国务院“全国民族团结进步模范集体”表彰。相同的文化背景和文化渊源，形成了一致的文化认同，为两县一体化建设提供了重要基础。

（三）国家片区扶贫开发的政策机遇

武陵山区是全国 14 大集中连片贫困地区之一，是国家西部开发和中部崛起战略的交汇地带。党中央、国务院高度重视武陵山少数民族地区的经济社会发展。2009 年 1 月，国务院国发〔2009〕3 号文件首次明确提出：“协调渝鄂湘黔四省市毗邻地区成立武陵山经济协作区，组织编制区域发展规划，促进经济协作和功能互补，加快老少边穷地区经济社会发展。”2009 年 9 月，国家发改委和国家民委就筹建武陵山经济协作区，促进武陵山区经济社会发展进行调研。2010 年 3 月，国家发改委办公厅印发《关于开展武陵山经济协作区发展规划编制工作的通知》（〔2010〕448 号），明确国家发改委牵头编制《武陵山经济协作区发展规划》。2010 年 7 月中旬，国家发改委委托国家国土开发与地区经济研究所专家，就编制武陵山经济协作区发展规划深入武陵山区主要县市调研，正式启动发展规划编制工作。至此，构建武陵山经济协作区上升到国家战略层面。龙凤示范区在此大背景下应运而生。

二、龙凤示范区的设立

为了加快武陵山区经济社会发展，许多仁人志士出谋划策，提出建立“武陵山经济协作区”的构想，并作了有益的探索。而作为该区域重要组成部分之一的龙山县和来凤县，以其“得地独厚”的区位优势、良好的资源禀赋，长期团结合作，因时而动、抢抓机遇，为国家在此设立示范区做好了充分准备。

（一）从“融城计划”到“龙凤先行区”

早在20世纪80年代中期，龙山、来凤两县城因商贸流通便捷，相距又近，坊间百姓来往甚为密切，有“好事者”便提出了“龙凤融城计划”。据说后来因为谁融谁的问题未达成共识而不了了之。20世纪90年代中期（1997年）龙山县率先掀起“扩城”行动，开发磨盘寨，再造龙山城。“九七吹响扩城令，万众一心小康奔，目标确定志向恒，一桥一路一片城”。其迅猛的发展势头令来凤县瞠目结舌，几年下来，龙山县发生了翻天覆地的巨大变化，将来凤县远远甩在了后面。随着龙山、来凤双方城市建设的发展，双城规模与人口急剧膨胀，于是“融城”的设想再次被提了出来。2005年初，在龙山县县委书记曹世凯和来凤县县委书记王建民的直接推动下，两县初步作出了“交通同网”“旅游同线”“产业同步”“环境同治”“信息同享”的发展规划。按照两个县的统一规划，龙山、来凤跨省融城建设将分四个阶段进行，力争用十年时间打造湘鄂边界“龙凤经济区”品牌。为此，龙山将县城发展重心调整为由东向西、由南向北拓展，与来凤城市规划进行了对接，在来凤县城的河对岸建成了岳麓大道，开发兴建酉水河岸的华塘新区。来凤县调整城市发展战略，实行“北控南拓”，武汉大道已修到与龙山接壤之处，在紧邻龙山县城的酉水河岸建成以“武汉大道”为轴心的土堡组团新区。规划自来水、供电、天然气等工程实现与龙山县资源共享以避免重复建设，其中天然气已从来凤县城引入龙山县城，龙凤大桥正在建设，并计划在五年内建成连接两县的五座大桥。

遗憾的是，“融城”规划的实施总是磕磕碰碰。随着龙山、来凤两县主要领导的离任及其他原因，“龙凤融城”计划在官方层面基本上搁浅。直到2009年，龙山、来凤两县党校，紧跟两县县委政府的宏观视角，决定将“龙凤双城一体化”作为一个跨省校际合作课题进行研究。两校安排19名教师历时3个多月，最终形成的课题报告得到了龙山县主要领导和来凤县县长胡泽的充分肯定。来凤县政协则以主席案的形式力推“龙凤双城一体化”。一时间，一体化开始街谈巷议。龙山、来凤两县政府决定由两县发改局牵头，就龙山、来凤两县作为武陵山片区建立“龙凤先行区”进行科学规划。至此，“龙凤一体化”再次被郑重摆上两县政府议事日程。

（二）从“龙凤先行区”到“龙凤示范区”的嬗变

“龙凤先行区”的战略目标确定后，两县政府及相关部门紧锣密鼓地开展工作。政府层面以联席会的形式磋商“龙凤先行区”的建设。

2010 年 9 月 28 日，龙山、来凤两县领导在龙山县召开“龙凤先行区”第一次联席会议。龙山县委副书记、县长彭正刚与来凤县委副书记、县长胡泽出席会议并签署了会议纪要。成立了由两县县长任组长，常务副县长为常务副组长，相关县领导为副组长，两县相关部门主要负责人为成员的龙凤先行区合作共建领导小组。会议就龙凤先行区建设达成十点共识：一是把龙凤先行区的申报工作作为两县政府当时工作的重点，组织精干人员全力争取，一定要使龙凤先行区进入国家武陵山经济协作区建设规划；二是协力推进龙凤城乡经济一体化，两县共同规划打造城区面积 60 平方公里、人口 60 万的中等规模城市，重点在城区建设规划、酉水河综合治理规划和重大基础设施对接上搞好衔接工作；三是统一规划两县产业布局，充分利用两县特色资源，合理布局，做大做强优势产业，重点是生态、民族文化和旅游产业的规划建设；四是共同保护和治理酉水河，禁止在酉水河两岸违规建房，禁止在酉水河内毒鱼、炸鱼、取沙，禁止向酉水河流域直排污水及倾倒污染物；五是保护两县生态资源，维护良好生态环境；六是做好两县之间“十二五”规划及其他专项规划的对接；七是推进既有的各项协作；八是建立定期的协商机制，每季度召开一次副县级以上领导协商会议；九是共同发展两县社会事业，在教育、卫生、文化等多领域形成资源共享；十是两县人大、政协就龙凤先行区的规划建设积极开展调研和呼吁，宣传部门对龙凤先行区开展多种形式的宣传活动，创造两县和谐共进的舆论氛围。

2011 年 2 月 10 日，在龙山县召开“龙凤先行区”规划筹建第二次协商会议。会议强调要坚持“三同”“三新”“六个一体”，即政策同等、发展同步、资源同享。优化资源配置、拓展经济发展新空间、打造龙山、来凤两县共建发展的新格局。形成规划一体布局、产业一体发展、基础设施一体对接，公共服务一体优化、就业保障一体统筹、生态环境一体建设的新局面。进一步确立“龙凤先行区”在武陵山经济协作区内的核心地位，最终实现抱团发展、率先发展的目标。

同时，龙山、来凤两县政府在2011年3月共同委托北京都市筑景国际建筑设计事务所有限公司编制《龙凤先行区发展战略规划研究》及空间布局、旅游两个专项规划。

为了使“龙凤先行区”得到上级的认可，两县政府及相关部门多次向上级部门汇报情况。2010年8月26—31日、9月8—13日，两县发改部门相关工作人员在龙山县委常委梁高武和龙山县人大常委会主任田芳春，来凤县委常委、常务副县长胡平江的带领下，先后两次专程赴京，就龙山和来凤两县共同争取在武陵山经济协作区内规划建设“龙凤先行区”一事，向国家发改委西部司和国土与地区经济研究所的领导、专家作专题汇报。11月3日，湖南湖北两省发改委联合行文以《关于在武陵山区经济协作区规划建设龙凤先行区的请示》（湘发改〔2010〕407号）上报国家发改委。12月24日，龙山来凤两县政府共同行文《关于呈报武陵山经济协作区龙凤先行区实施方案（纲要）的请示》（龙政〔2010〕197号）上报国家发改委。在“龙凤示范区”得到批复之前，两县的主要领导们先后9次进京，多次赴长沙、武汉，分别向湖南、湖北两省发改委及国家发改委汇报。

湖北省政协第十届委员会委员段新华则充分发挥委员提案的作用，连续三年呼吁“加强区域协作、推进龙凤双城一体化建设”。2011年，其所在的民族宗教界别组将“龙凤双城一体化建设”扩展为“武陵山经济协作试验区建设”，以全组的名义形成《加快推进湖北武陵山少数民族经济社会发展试验区建设的建议》，经省政协修改润色后，提请宋育英主席联合湖南、贵州、重庆等地的全国政协委员，向全国政协提交。该提案由当时的全国政协主席贾庆林同志亲自督办。

期间，上级有关部门密集到来凤、龙山两县深入调研。2010年5月1日，新华社武陵山区统筹发展调研组记者杨希伟、梁鹏一行来到龙山县，就武陵山区统筹发展及构建武陵山区经济协作区开展调研。2011 年 5 月 19 日，全国政协副主席、民建中央第一副主席张榕明率领全国政协民宗委与民建中央联合调研组到来凤、龙山两县调研，来凤龙山两县政府以《关于在武陵山经济协作区规划建设龙凤先行区的请示》（来政文〔2011〕49 号）向全国政协请求支持。5 月 19 日，国家发改委西部开发司巡视员张亚丹调研“武陵山经济协作区·龙凤先行区”建设。7 月 30 日，湖南省委副书记、省长徐守盛率省直相关部门负责人和龙山县相关领导，来到来凤县参观视察城市建设，调研“龙凤先行区”建设情况。

2011 年 10 月 22 日，《国务院关于武陵山片区区域发展与扶贫攻坚规划（2011—2020 年）的批复》（国函〔2011〕125 号），同意国务院扶贫开发领导小组办公室、国家发展和改革委员会报请审批的《武陵山片区区域发展与扶贫攻坚规划（2011—2020 年）》。2011 年 11 月 2 日，国务院扶贫开发领导小组办公室、国家发展和改革委员会以国开办发〔2011〕95 号文件正式印发《武陵山片区区域发展与扶贫攻坚规划（2011—2020 年）》（以下简称《片区规划》）。《片区规划》中明确规定“设立武陵山龙山来凤经济协作示范区”。至此，龙山来凤经济协作示范区（简称龙凤示范区）正式上升为国家战略。同时也标志着龙山县和来凤县作为武陵山经济协作区的重要组成单元，迎来一个新的发展机遇。

三、龙凤示范区样本建设的内容

（一）《武陵山片区区域发展与扶贫攻坚规划（2011—2020 年）》对龙凤示范区的规定

《片区规划》在第三章“空间布局”中这样表述：“设立武陵山龙山来凤经济协作示范区，大力推进行政管理、要素市场、投融资体制等领域的改革，全面推进城乡统筹、基础设施、公共服务、特色产业、生态建设与环境保护等一体化建设，为区域一体化发展发挥示范带动作用。”在《专栏 3》“龙山来凤经济协作示范区”表述为：“龙山、来凤两县国土面积 4470 平方公里，人口 90.4 万人。两县县城一水相隔，现有城区面积 30

平方公里，城区人口 25 万人。龙山来凤经济协作示范区建设步骤为：到 2012 年，做好总体规划和专项规划，在同城建设、统筹城乡、公共管理等方面的协作发展取得初步成果；到 2015 年，在城乡建设、基本公共服务均等化、特色产业发展、生态环境保护等方面取得新进展，一体化发展格局基本形成；到 2020 年，全面建成一体化发展体系，成为武陵山片区的重要城市和经济增长极。”

《片区规划》在第四章“基础设施建设”中，把龙山、来凤两县交通纳入“两环四横五纵”交通主通道和重点交通建设。在“水利”一节中把龙山、来凤两县城市供水和老峡灌区改造纳入重点水利工程。在第三节中把“建设来凤凯迪生物质发电工程”新能源建设作为能源重点工程。

《片区规划》在第五章“产业发展”中把“张家界—桑植—龙山—来凤—咸丰—恩施”作为“旅游组团和精品旅游线路”规划。在第二节“特色农业”把“来凤油茶、蚕茧、烤烟、干果及肉类基地”纳入特色农业基地进行规划。在第五节“民族文化产业”中把“来凤土家摆手节”作为民族文化精品工程进行规划。

（二）《武陵山龙山来凤经济协作示范区发展战略规划》内容

为了更好实施《片区规划》，湖南省龙山县和湖北省来凤县政府制定了《武陵山龙山来凤经济协作示范区发展战略规划（2011—2020 年）》（以下简称《龙凤规划》）。2012 年 7 月 4 日，经湖南湖北两省人民政府同意，两省发改委以湘发改赈〔2012〕815 号文件联合批复《武陵山龙山来凤经济协作示范区发展战略规划（2011—2020 年）》。这是继国务院批复《武陵山片区区域发展与扶贫攻坚规划》后第一个率先编制完成并经两省联合批复的规划。《龙凤规划》共 12 章，分别从背景任务、发展基础、总体思路、空间布局、基础设施建设、产业发展、社会事业、生态建设与环境保护、扶贫开发与新农村建设、重点工程、保障措施、规划实施等方面对《片区规划》进行了详尽细化。

1. 战略定位

武陵山片区重要城市和经济增长极。全面推进城乡规划、基础设施、公共服务、特色产业、生态建设与环境保护等一体化建设，形成武陵山片区的综合性交通枢纽、重要的商贸物流中心和金融中心，建成武陵山片区重要城市和经济增长极。

全国贫困地区跨省经济协作示范区。利用“一水双城”这一独特的区位条件，探索跨省经济协作的新机制和新模式，实现优势互补，建成全国贫困地区跨省经济协作示范区。

全国贫困地区扶贫攻坚示范区。创新区域一体化发展和扶贫开发体制机制，探索区域发展和扶贫开发新路子，建成全国贫困地区扶贫攻坚示范区。

国内外知名生态文化旅游区。利用丰富独特的秦简文化、佛教文化、民族文化和山水生态旅游资源优势，加大旅游资源整合和品牌共建力度，促进旅游产业升级和发展方式转变，融入国际国内生态文化旅游圈，建成国内外知名生态文化旅游区。

全国民族团结进步示范区。积极开展民族团结进步创建活动，提高龙凤示范区内各族干部群众的民族团结意识和执行民族政策、民族法律法规的自觉性，建设民族团结进步教育基地，积极探索促进民族地区和谐发展的机制，建成全国民族团结进步示范区。

2. 发展总体目标

到 2020 年，全面建成一体化发展体系，在武陵山片区率先实现全面建设小康社会目标。经济实力显著增强；经济结构更加优化；中等城市基本形成；基础设施不断完善；生态文明得到加强；人民生活全面改善。

3. 空间布局

充分发挥龙凤示范区的区位优势，优化功能分区和产业分工，推进产业集聚，增强中等城市功能，构建中等城市、城镇带、乡镇集镇和重点社区协调发展的现代城镇体系，形成产业合理布局、错位发展，城市功能完备、各具特色的空间开发格局。

功能分区——按照国家主体功能区规划，武陵山区整体为限制开发区，其基本功能为生物多样性及水土保持生态功能区。依据整体保护、点状发展的原则，将龙凤示范区划分为三个区：重点发展区、农业生态区和生态保护区。

城镇体系——结合地理空间要素特征，依托具有不同功能分工、不同等级规模的城镇群体，形成“两个中心、四条城镇带、十个重点镇、多个社区”的城镇体系。

城区布局——充分发挥龙凤示范区地缘优势，以整合城区资源为主线，以龙凤新区、华塘新区和龙凤经济开发区建设为突破口，加快推进龙山、来凤两县主城区建设步伐，构建“一水、双城、三区、四片、多组团”的空间发展格局。

4. 基础设施建设

交通：按照将龙凤示范区建成集铁路、高速公路、航空为一体的区域性综合交通枢纽的目标，建设5条铁路、5条高速公路、2个机场和区域内交通网，加快实现多种运输方式的有效衔接。

水利：包括10大灌区工程、73座水库除险加固工程、新建管道125公里，供水满足65万人需要的城市饮用水源工程、24条中小河流治理、水土保持工程以及流域面积650平方公里的56条山洪沟灾害治理工程。推进酉水流域开发、利用和保护，加强酉水中上游的综合整治，把酉水流域建成“酉水画廊·生态文化旅游带”。积极做好沅江流域酉水段的综合治理工程。

能源：涵盖电网建设、电源建设、新能源开发、燃气管道建设等。

城市：包括城区外环公路建设、湘鄂情大桥片区开发、城市公交站点建设、城市供水工程及城区垃圾处理工程。

5. 产业发展

重点发展生态文化旅游、新材料、食品加工、生物质能源、环保建材和先进制造业，形成现代产业体系。旅游业：开发里耶古城历史文化、仙佛寺佛教文化、民俗文化、民族建筑文化，建设精品旅游景区、打造精品线路、建设游客集散地、开发旅游商品。特色农业：建设特色农产品基地，发展农产品加工。

同时，《龙凤规划》在社会事业、生态建设与环境保护、扶贫开发与新农村建设、保障措施等方面都作了明确规划和科学定位。

四、龙凤示范区建设情况

（一）龙凤示范区相关机构设置

为推动示范区建设，2013 年 12 月 2 日，恩施州下发《州委办公室、州政府办公室关于成立恩施州支持武陵山龙山来凤经济协作示范区建设领导小组的通知》（恩施州办文〔2013〕35 号），正式成立州委书记王海涛任组长、州长杨天然任第一副组长的支持龙凤示范区建设领导小组。领导小组办公室设在州发改委，州发改委主任田金培任办公室主任。2011 年 11 月，来凤县成立以县委书记任组长、县长任第一副组长、县委副书记任常务副组长的龙凤示范区建设工作领导小组。根据《来凤县机构编制委员会关于设立武陵山经济协作示范区（来凤）办公室的通知》（来编发〔2012〕42 号）和《恩施州机构编制委员会关于同意明确武陵山经济协作示范区（来凤）办公室机构级别的批复》（恩施州机编发〔2012〕25 号）精神，设立"武陵山经济协作示范区（来凤）办公室"，为隶属县政府办管理的正科级事业单位，核定全额拨款事业编制 12 名。领导职数：主任 1 名（由县领导兼任），常务副主任（正科级）1 名，副主任（副科级）2 名。县发改局局长、县民宗局局长、县开发办主任兼任示范区办公室副主任。下设综合股、政策研究股、项目股、宣传股。主要职责是宣传贯彻落实国家、省、州和县委、县政府关于区域发展和武陵山片区建设的方针、政策和决策部署；研究拟定推进示范区建设的政策措施、中长期发展规划、年度计划及其他有关文件、领导讲话；承办县委、县政府推进示范区建设的各项日常工作；按照县委、县政府工作安排部署，对示范区建设涉及部门的工作进行组织、协调、指导和检查督办，定期对各部门推进示范区建设工作情况进行考核并及时进行公布；对示范区建设情况组织开展调查研究，及时向县委、县政府提出工作意见和建议；搜集、整理示范区建设工作信息，编发《龙凤示范区简报》，协调新闻单位做好示范区建设的宣传报道工作；

承办县委、县政府交办的其他工作。与此相应，湖南省龙山县也按照湖南省《湘西自治州人民政府关于支持龙山县建设武陵山龙山来凤经济协作示范区的若干意见》的相关要求，于2013年9月成立了武陵山龙山经济协作示范区管理委员会，具体组织、协调、指导和开展龙山示范区建设工作。

（二）龙山、来凤两县加强协作

国家设立“龙凤示范区”前，两县确定一体化名称为“龙凤先行区”。两县探索区域协作，协作机制已经常态化运作。2011年10月22日，国务院设立“龙凤示范区”后，“龙凤先行区”正式更名为“龙凤示范区”。12月6日，龙山、来凤两县在来凤县政府二楼会议室召开龙凤示范区工作会议。会议就组建工作专班、建立协作机制、聘请专家顾问团、明确协作共建领域等方面达成合作意向。

2012年1月18日，《武陵山龙山来凤经济协作示范区发展战略规划（2011—2020年）》，在北京通过专家评审。2012年7月4日，经湖南湖北两省人民政府同意，两省发改委以湘发改赈〔2012〕815号文件联合批复《武陵山龙山来凤经济协作示范区发展战略规划》，开创了在全国由两省联合批复地方性发展规划的先河，标志着龙凤示范区建设迈入了新的建设阶段。2012年3月25日，在来凤县召开龙凤示范区第三次联席会议。与会人员听取审议了《中共龙山县委、中共来凤县委关于加快推进龙山来凤经济协作示范区建设的决定》《武陵山龙山来凤经济协作示范区2012年工作要点》《关于推进龙山来凤经济协作示范区发展合作框架协议》《湘鄂两省关于支持武陵山龙山来凤经济协作示范区建设的若干意见》以及《龙山县人民政府、来凤县人民政府关于武陵山龙山来凤经济协作示范区发展战略规划的批复》。会议要求，龙山来凤两县要按照“规划一体布局、产业一体发展、基础设施一体对接、公共服务一体优化、就业保障一体统筹、生态环境一体建设”思路，充分发挥龙凤示范区地缘优势，以城区资源整合为主线，以龙凤新区建设为突破口，加快推进龙山、来凤两县城区建设步伐，努力把龙凤示范区建设成为投融资体制改革、社会管理创新、城乡统筹发展、生态文明和谐、民族团结进步、县域经济发展的示范区，为区域一体化发展发挥示范带动作用，把龙凤示范区建设成为武陵山片区中心城市和重要经济增长极。

2012年5月26日，国务院总理温家宝在湖南吉首主持召开武陵山片区扶贫工作座谈会，龙山县委书记张才金、来凤县委书记胡泽就龙凤示范区建设给温家宝总理作专题汇报，得到温总理的高度关注和对黔张常铁路等一批重大项目的支持。

2012年7月23日，在龙山县召开龙凤示范区第四次工作联席会议。此次会议审议通过了《武陵山龙山来凤经济协作示范区建设工作推进会议筹备方案》《全国少数民族团结进步示范区创建会议筹备方案》《武陵山龙山来凤经济协作示范区专家顾问成立暨发展战略规划座谈会（北京）会议方案》《武陵山龙山来凤经济协作示范区专家顾问组组建方案》和《龙凤示范区协作共建重点工程及十大领域编制责任分工方案》，并就龙凤示范区下一步工作进行安排部署。

为了提高龙凤示范区科学发展的决策能力和水平，推动龙凤示范区经济社会科学发展、跨越发展，积极探索和总结我国连片特困区发展的新模式、新方法，为国家决策和连片特困区的快速发展发挥作用，2012年8月19日，龙凤示范区聘请组建了专家顾问组。顾问组组长由第十一届全国政协委员、原国家西开办副主任，著名的经济学博士，中国施工企业管理协会会长曹玉书担任，专家来自政府有关部门、权威研究机构和高等院校，都有较强的研究背景，也有丰富的行政管理经验。顾问组的职责主要有三个方面，一是对推动龙凤示范区区域合作的政策进行探索和研究；二是对制约包括龙凤示范区在内的连片特困区发展的瓶颈问题、热点问题和重大问题进行研究；三是不断总结龙凤示范区的实践经验，探索我国连片特困区发展的新模式、新方法，起到为全国扶贫攻坚发挥示范引领的作用。

2012年12月4—5日，武陵山龙山来凤经济协作示范区建设推进会议先后在龙山县和来凤县举行。会上，湘鄂两省就龙凤示范区建设中，如何进一步破除行政壁垒、推进机制创新、推动协作共建、增强龙凤跨省一体化发展新动力等达成共识。会议由湘鄂两省发改委、扶贫办、民（宗）委和湘西州、恩施州联合主办，湖南龙山县和湖北来凤县联合承办。会议确立了在两县政府强力推动的基础上，运用市场经济手段，打破行政区划界限，推进龙凤一体化发展的思路。强化了全域融合发展的理念，确立了“三同”（政策同等、发展同步、资源同享）、“三新”（优化资源配置，拓展发展新空间；勇于先行先试，打造发展新格局；坚持改革开放，树立发展新形象）、“十个一体化”（龙凤城区规划、龙凤基础设施、龙凤产业发展、龙凤酉水河保护与利用、龙凤旅游开发、龙凤公共服务、龙凤生态环境保护、龙凤金融服务、龙凤平安创建和龙凤人才发展一体化）的发展战略。形成了国家、两省、两州支持龙凤一体化建设的综合协调推进机制和领导机制。初步建立了横跨两县、关联政经商的多个协作组织。两县坚持规划先行，循序渐进，融合发展，继续秉承团结协作的传统，积极围绕龙凤示范区一体化建设，强力推进体制机制创新、重点项目建设、环境优化、人才开发等工作。

2013 年 5 月 16 日，在龙山县召开龙凤示范区第五次联席工作会议。会议要求，要按照《武陵山片区区域发展和扶贫攻坚规划（2011—2020 年）》和《武陵山龙山来凤经济协作示范区发展战略规划（2011—2020 年）》的要求，围绕改革创新、示范引领、重点突破和加快发展四大主题，实现四大目标：主要经济社会发展指标增速达到武陵山片区中上等水平；新型城镇化建设、工业园区发展和重点平台建设有重大进展；向上争取政策、资金项目和招商引资、社会融资有重大突破；龙凤十个一体化建设取得较大进展，龙凤公交、金融同城、平安共建和通信同号四个一体化全面实现。

2013 年 8 月 23 日，在来凤县召开龙凤示范区第六次联席会议。会议审议通过了《龙凤金融 IC 卡首发暨龙凤示范区支付结算一体化启动仪式方案》。会议审议了关于联合编制《龙凤城市建设总体规划》《龙凤经济开发区规划》《酉水河保护与利用规划》《龙凤城市道路对接规划》的建议。为了尽快启动规划编制工作，会上两县达成了以下共识：一是成立两县分管领导牵头的工作专班，制定一套工作方案并排出工作时间表；二是落实规划编制经费；三是依法聘请专业规划队伍，尽快开展规划编制工作。会议讨论了两县人民政府联合申报创建全国民族团结进步模范区方案、关于龙凤示范区专家顾问组事宜、龙凤公交一体化方案、湘鄂两省发改委联合调研龙凤示范区方案。就联合申报创建工作，会议认为两县要统一创建内容，统一创建标准，统一部署行动，合力推进创建工作，确保创建成功，为全国民族地区民族团结进步作出示范。就龙凤公交一体化，会议认为随着湘鄂情大桥的建成，要进一步优化布局现有的公交线路，在站点布局、场站建设过程中要多倾听群众的意见，保障龙山、来凤两县城市居民“安全可靠、方便周到、经济舒适”。会议还拟定了提请下一步推进的几项工作：关于报请国家发改委出台支持龙凤示范区建设的意见；关于9月在北京举办龙凤示范区建设工作汇报会的建议；关于龙凤示范区挤进全国500个新型城镇化试点计划。

2014年9月19日，在来凤县召开龙凤示范区建设第七次联席会议。会上，龙山县、来凤县双方就制定《酉水河（湘西州、恩施州流域）开发与保护条例》、龙凤城区一体化规划编制、国家级“龙凤新区”申报、创建龙凤金融生态示范区、推进“撤县建市”、拍摄龙凤示范区电视专题片等7项工作从全局部署，到细节实施等展开讨论，交换意见。

（三）示范区关注度提高

2011年10月22日，国务院规划明确设立武陵山龙山来凤经济协作示范区后，两县借势发力，积极推进示范区建设，龙凤示范区建设取得阶段性成效。

1. 湘鄂两省、恩施湘西两州领导和专家密集调研龙凤示范区，示范区关注度进一步提高

2012年3月28—29日，湖南省发改委胡衡华主任一行来龙山现场办公。4月7日，恩施州州长杨天然同志在来凤召开现场办公会专题研究“龙凤示范区”工作。6月29日，湖北省政府研究室（发展研究中心）覃道明副主任到来凤调研龙凤示范区建设。7月12日，湖北省人大调研组到来凤调研龙凤示范区建设。10月16日，湖北省省长王国生调研龙凤示范

区建设工作。11 月 15—16 日，国家民委经济发展司副司长左朝刚调研龙凤示范区建设。12 月 29 日，湖北省发改委主任王建鸣调研龙凤示范区建设工作。2012 年湖北省“两会”期间，省委书记李鸿忠专门听取了来凤县委书记胡泽关于龙凤示范区工作的汇报，表示省委、省政府将给予大力支持。省长王国生在听取《从战略高度推进武陵山龙凤经济协作示范区建设》的政协委员发言后指出，“加快来凤发展意义重大”。2013 年 1 月 13—14 日，国家民委人事司司长杨逢春一行调研龙凤示范区建设工作。3 月 3—4 日，恩施州委书记王海涛调研龙凤示范区建设工作。3 月 14 日，湖北省政府联合调研组专题调研龙凤示范区区域合作及建设工作。4 月 15—16 日，湖北省委书记李鸿忠调研龙凤示范区时指出，要坚持“四个领先”，即努力做到精神区位领先、思想观念领先、体制机制领先、干部作风领先，在武陵山试验区建设发展中发挥引领带动作用。5 月 13—14 日，全国政协副主席、国家民委主任王正伟到龙凤示范区调研。9 月 3 日，湖南省省长杜家毫调研龙凤示范区建设。9 月 13 日，国家开发银行湖南分行行长王学东到龙凤示范区调研。10 月 24 日，湖南省商务厅厅长谢建辉到龙凤示范区调研。11 月 12 日，湘西州长郭建群到龙凤示范区调研。

2. 湘鄂两省、恩施湘西两州就支持“龙凤示范区”建设达成重要共识，明确在基础设施、产业建设、民生工程、旅游开发等领域予以重点支持

2012 年 4 月 20 日，湖北湖南两省发改委主任在武汉召开龙凤示范区工作协调会。2012 年 5 月 22 日，湖北省发改委组织省直 14 个部门召开《武陵山龙山来凤经济协作示范区发展战略规划（2011—2020 年）》座谈会。2012 年 8 月 9 日，湘西、恩施两州发改委主任在恩施召开龙凤示范区建设工作协商会议。2013 年 4 月 26 日，恩施州委常委会专题研究龙凤示范区建设工作，决定出台支持龙凤示范区建设的意见，恩施州州长把工作联系点设在来凤县。2013 年 8 月 5 日，湖北省发改委召开加快推进龙凤示范区（来凤）建设工作会议，会议就支持事项进行研究，明确下步支持的重要工作和重点项目。湖北省发改委原主任王建鸣、现任湖北省发改委主

任李乐成、中部办主任刘元成先后到龙凤示范区调研，指导龙凤示范区建设，并经省人民政府同意，出台了《省发展改革委关于加快推进来凤县建设武陵山龙山来凤经济协作示范区的意见》（鄂发改地区〔2015〕183号）；人民银行武汉分行、人民银行长沙中心支行制定了《龙凤示范区个人支付结算业务同城化实施方案》。

3. 龙山、来凤两县紧紧围绕协作示范积极开展大量前期工作和有益尝试，并取得较好成效

一是规划一体化，实现全域布局。湘鄂两省发改委批复的《龙凤示范区发展战略规划》，描绘出以“一水双城、十个一体化”为重点的跨省一体化发展体系建设蓝图。二是城市基础设施建设一体化，实现无缝对接。湘鄂情大桥建成通车，龙山、来凤城市连成一体；自来水联网共享、污水管道联通共用、来凤天然气主管延伸到龙山县城发展用户近5000户，共同推进武汉大道四期、龙山、来凤城市第二水源点建设、龙山、来凤酉水河综合治理、落水洞电站等重点项目建设。三是市场一体化，增添龙山、来凤新活力。坚持“统一布局、错位发展”，共同培植大型商贸主体，完善市场网络体系，构建龙凤商贸物流中心。四是金融一体化，实现“同城支付”。按照加快推进投融资体制改革的要求，制定了《龙山示范区金融服务一体化实施方案》。2013年9月12日，发行全国首张以城市命名的龙凤金融IC卡，两县农商行、工行等金融机构推行汇兑存单、银行借记卡、资金汇划、信贷业务一体化，实现了“支付同城化，结算低成本”。五是公交一体化。以“统一龙凤城区公交线路，统一车辆标志和外形，统一运营时间及收费，统一营运管理”为重点，推行龙凤城市及跨县乡镇公交一体化。龙凤城市日均发车近700台次，客运量上万人次，跨县12条乡镇公交线路，日均发车近300台次，客运量近5000人次。六是通信一体化，实现“通信同城”。取消两县长途费、漫游费，共用一个固话区号，实行统一资费，实现“同城、同网、同价、同号”。七是市场一体化。按照“统一布局、错位发展”的原则，建设来凤中百购物中心、黔龙国际家居建材城大型商贸主体，培育龙凤物流园和龙凤边区物流中心等物流企业，构建龙凤

物流体系。以中百来凤购物中心为龙头，辐射龙凤示范区的1平方公里“龙凤商圈”，以“龙凤商圈”为龙头，7个大型专业市场为补充，辐射以龙凤示范区为中心，百公里经济圈的商贸物流中心逐渐成形，“龙凤商圈”的社会消费品零售额占全县社会消费品零售总额的65%以上。八是按照一体化建设的原则，两县共同谋划了龙凤生态文化旅游带建设，确立了“千年秦城、艺术土家、武陵佛地、酉水双城”的旅游形象定位。先后启动了黔张常铁路、龙凤国家级经济开发区、龙凤物流园、龙凤文化产业园、龙凤科教示范园、龙凤酉水生态文化旅游带、龙凤城市外环线、龙凤城区水源点建设及供水、龙凤酉水河综合治理、龙凤城市骨干路网等十大项目的前期工作。县对县、局对局、行业对行业，两县分别建起了工商协作会、税务协作会、刑侦协作会、文艺联谊会、教育协作会、卫生协作会等20多个协作、联谊组织，涉及政治、经济、文化、社会生活各个领域。一体化的顺利推进，促进了区域协同发展，增进了两县交流合作，抒写了民族团结进步的新篇章，至2014年，来凤县6次、龙山县5次获国务院“全国民族团结进步模范集体”表彰。

五、国家设立龙凤示范区的意义

（一）为跨省经济协作提供样本

分属两省的龙山、来凤两县，实施经济协作，打破阻碍经济发展的行政壁垒，协调各自区域行政资源，畅通经济要素流动通道，积极探索跨省经济一体化发展的新途径、新机制。这对破解当前我国经济发展过程中遇到的类似问题有较好借鉴意义。

（二）为贫困地区跨区域扶贫攻坚提供样本

中央把集中连片特困地区作为新阶段扶贫攻坚的主战场的战略部署和国家区域发展的总要求，决定率先启动武陵山片区区域发展和扶贫攻坚试点，为全国其他连片特困地区提供示范。而地处武陵山片区的湖南龙山和湖北来凤两县因其分属两省，且两个县城紧密相连的独特性，使其成为全国14个集中连片特困区679个县级行政区中仅有的两个县经国务院批复同意的跨省经济协作示范区。

（三）为跨地区生态文明建设提供样本

日前，经国家发展改革委、科技部、国家林业局等11部门在《关于印发生态保护与建设示范区名单的通知》中明确为首批国家级生态保护与建设示范区的市、州、县就达143个，但它们都是以行政区划为单位。2014年9月19日，龙凤示范区建设第七次会议上，龙山、来凤两县就制定酉水河开发与利用保护条例达成了共识。2015年4月，湘西州人大常委会和恩施州人大常委会共同委托吉首大学与湖北民族学院负责起草《酉水河流域保护条例（建议稿）》，携手保护好酉水河。9月8—9日，酉水河立法保护工作第一次联席会议在湖北省来凤县召开。湖南省龙山县、花垣县、保靖县、永顺县、古丈县、怀化市沅陵县，湖北省宣恩县、来凤县，重庆市酉阳县、秀山县的人大常委会领导及相关职能部门负责人参加会议。酉水保护开启了跨区域生态文明建设的良好开端。

（四）为跨行政区域民族团结进步提供样本

国家民委在2012年4月已经把武陵山片区作为民族团结进步示范区。明确提出："在武陵山片区大力开展跨行政区域创建民族团结进步示范区活动，作为创新民族工作的具体实践，不断探索总结推动民族工作的好经验、新方法，不仅能更有力地推动武陵山片区各民族和衷共济、和睦相处、和谐发展，也对在全国范围内加强和创新民族工作，推进民族团结进步事业具有重要的现实意义。"龙山来凤两县作为跨省示范区，具有典型引路、以点带面的先天优势。

（五）为探索行政管理、要素市场、投融资体制改革提供样本

《片区规划》要求："设立武陵山龙山来凤经济协作示范区，大力推进行政管理、要素市场、投融资体制等领域的改革……为区域一体化发展发挥示范带动作用。"来凤县创新政务服务机制，探索行政审批制度改革。减少审批事项，建立"限时办结制"和"委托代理制"，实行"一窗式受理、一站式服务、一单式收费"，在湖北省率先创建国家级行政服务类标准化示范单

位。来凤县还被作为湖北省第一批（恩施州唯一）统筹城乡试点县建设。

（六）为贫困地区形成新的经济增长极提供样本

加强龙凤经济协作示范区建设的最终目的就是要推动龙山来凤经济社会跨越式发展，在区位上使两县县城之和形成与黔江、恩施、张家界、吉首、怀化、铜仁相当的建成区和人口规模，使之成为武陵山片区一个新的经济增长极。

龙凤示范区的设立给我们诸多启示：一是说明“思想有多远就能走多远”。一体化思路提出之初，许多人也是将信将疑，不以为然。因此，敢于突破、敢于创新，是需要勇气的。敢于做梦才有圆梦的机会。二是说明“机会是留给有准备者的”。龙山来凤能够抢占国家扶持武陵山片区发展的先机，与两县决策者的战略眼光、前瞻思维、工作力度分不开。“衣带渐宽终不悔，为伊消得人憔悴”，然后才有“众里寻他千百度，蓦然回首，那人却在灯火阑珊处”的境界。我们恩施的发展正处于非常重要的关键节点，唯有大胆地想、大胆地试、大胆地干、大胆地闯，才会有恩施州突破的新格局、前进的新步伐、发展的新跨越。

【参考文献及资料来源】

1. 《武陵山片区区域发展与扶贫攻坚规划（2011—2020 年）》
2. 《武陵山龙山来凤经济协作示范区发展战略规划（2011—2020 年）》
3. 《龙山县城镇建设稳步推进》（中国龙山网：龙办）
4. 《龙凤融城战略思考》（湖南师范大学 柳思维）
5. 《新世纪的强省方略——湖南经济可持续跨越发展研究》（贺清云等）
6. 《龙凤双城一体化研究》（龙山县委党校、来凤县委党校课题组）
7. 《龙凤示范区建设“后半程”提速发力的思考》（罗继学）
8. 资料来源：武陵山经济协作示范区（来凤）办公室（严国庆）

（来源于《湖北省改革开放实录》执笔人：吴文勇　姚元述　严国庆）

龙凤示范区建设的成效与经验

自2011年11月国函〔2011〕125号文件批复《武陵山片区区域发展与扶贫攻坚规划》并设立武陵山龙山来凤经济协作示范区（以下简称龙凤示范区）以来，湖南省龙山县和湖北省来凤县在基础设施、民生事业、产业建设等领域均取得了一定成效，在探索连片贫困地区发展、区域经济一体化方面积累了一定的经验，示范带动作用初步显现。

一、主要成效

1. 区域经济实现大发展

示范区批复3年多来，龙山来凤两县始终坚持以经济建设为中心，以加快县域经济发展和农民脱贫增收为目标，区域经济实现了快速发展的良好势头，主要经济指标连续三年保持两位数增长。与示范区成立时的2011年相比，2014年，龙凤示范区实现生产总值114.6亿元，总量增加36.4亿元，增长31.76%，年均净增12.1亿元，年均增速10.59%；完成财政总收入11.65亿元，总量增加4.35亿元，增长37.33%，年均净增1.45亿元，年均增速12.4%；完成规模工业增加值17.29亿元，总量增加6.52亿元，增长37.7%，年均净增2.17亿元，年均增速12.57%；完成全社会固定资产投资113.4亿元，总量增加70.4亿元，增长62.08%，年均净增23.5亿元，年均增速20.9%；实现社会消费品零售总额50.93亿元，总量增加19.05亿元，增长37.4%，年均净增6.35亿元，年均增速12.5%；城镇居民人均可支配收入16142元，总量增加4140元，增长25.6%，年均净增1380元，年均增速8.5%；农民人均纯收入6187元，总量增加2517元，增长46.08%，年均净增839元，年均增速15.36%。

2. 交通设施实现大改善

坚持项目带动战略，用大项目拉动大发展，连续3年开工以交通为主的重大基础设施建设项目20多个，总投资达400多亿元，其中已竣工5个、正在推进16个，累计完成投资118亿元。黔张常铁路（龙凤段）于2014年底全面开工，正加快推进；恩施经龙凤至吉首高速来凤段于2014年8月已经开通，龙山段进入路面施工阶段，2016年将竣工通车。龙山、来凤两县境内5条高速公路连接线，3条二级公路正加快建设，结束了龙山来凤没有铁路和高速的历史，以龙凤示范区为核心的武陵山腹地一个新的交通枢纽正加快构建。

3. 城镇建设实现大跨越

一是老城区全面提质。两县分别投资近3亿元，完成了老城区16条主街道和32条背街小巷的黑化、量化、美化和绿化工程，共同以龙凤呈祥为主题，龙山以“五色龙城”，来凤以“凤舞霓虹”为主线打造城市文化品牌，成为湘鄂渝边界最有特色的边区城市。二是共建龙凤新区。两县以城区酉水河为核心区，共同规划10平方公里龙凤示范区龙凤新区，近3年完成投资150亿元，率先竣工了连接新区的湘鄂情大桥，使龙凤城区实行了零距离对接，先后启动了龙凤体育中心、龙凤文化广场、岳麓大道提质改造、武汉大道三期、龙凤科教示范园、龙凤建材城、边区中心医院、新区水厂、公安局指挥中心大楼、龙凤商居城、龙凤夏威夷、黔龙城、华龙城等市政、民生和综合体项目，龙凤城区面积扩至25平方公里，城区人口25万，一个规划有序、特色鲜明、功能配套的中等城市正在武陵山腹地崛起。

4. 产业建设实现大提质

一是工业产业快速壮大。两县坚持产城融合的发展思路，两个省级工业园区以酉水河为界，规划共建20平方公里“龙凤百亿产业园”，工业园区平台不断夯实，来凤园区新建标准化厂房达10万平方米，龙山园区30

万平方米标准化厂房正在规划建设，近3年新开工入园工业项目45个，规模企业总数达到75家，其中产值过亿元企业4家，2014年末实现工业增加值14.5亿元。二是农业产业结构日益优化。稳步实施特色农业提质增效工程，百合、烤烟、柑橘、蔬菜、中药材、生姜、藤茶等种植规模稳定在8万亩、8万亩、20万亩、13万亩、6万亩、3万亩、2万亩以上，“龙山萝卜”“里耶脐橙”“来凤生姜”“来凤藤茶”等国家地理标志农业品牌成功培育。农业产业化龙头企业发展加速，年销售收入过5000万元的农业企业达19家。三是旅游产业快速发展。围绕里耶古城和仙佛寺两大旅游品牌，大打“秦城、秦简、佛教文化、土家源”牌，龙山县成功引进重庆汇邦旅业，包装策划旅游项目46个，总投资达102亿元，两年内将完成投资50亿元并初步开放。来凤仙佛寺景区完成投资1.2亿元，六大景点基本建成，填补了边区佛教文化旅游的空白。来凤县2014年通过举办“一会一节”进行招商引资，现场签约项目50个，总金额126.26亿元。签约的50个项目，涵盖商贸服务、旅游开发、现代物流、食品加工、资源开发、药材种植等多个领域。洗车河流域民俗文化、惹巴拉土家村寨、洛塔石林、杨梅古寨、百福司古镇等特色景点加快建设，成功举办了“春节直播惹巴拉土家过年”，龙山、来凤旅游成为新热点。

5. 龙凤一体实现大飞跃

一是一体化规划体系基本形成。龙凤示范区发展战略规划、城市空间布局规划和旅游发展规划及城镇建设、基础设施、产业发展等10个一体化专项规划编制已经完成，《龙凤双城一体化城市总规》《龙凤双城城区酉水河建设性详规》和《龙凤双城酉水流域保护开发条例》等一体化规划正在共同编制。二是一体化协调机制基本建立。国家民委、湘鄂两省发改委，湘西、恩施两州人民政府，两州发改委，龙山来凤两县人民政府建立了国家部委、省直部门、州人民政府、县人民政府四级协调和联系机制，两县分别组建了专门工作办公室，建立了常态工作机制。三是一体化共建工作有序推进。龙山、来凤两县先后召开了七次联席会议，共同推进龙凤一体化建设。启动了龙凤城区水源点建设、龙凤酉水河综合治理、落水洞电站、龙凤城区骨干路网、龙凤城市外环线等重点项目建设；龙凤公交实施了跨省路线、车辆标志和外形、收费和营运管理四个统一；两县农村信用社已开通同城结算业务，国家邮储银行已发行“龙凤 IC 卡”；龙凤平安共建已形成了 20 多项合作机制；以取消异地漫游为重点的龙凤通信一体化已经实施；两县正联合创建全国民族团结进步模范区。

二、主要经验

1. 坚持多级联动

国家、省、州、县四级联动，共同关注和推动示范区建设。国家民委经济司把龙凤示范区作为武陵山片区开发的联系点，国家开发银行把龙山来凤作为全国金融创新示范点；湖北省委书记李鸿忠、湖南省省长杜家毫在 2012 年和 2013 年分别深入龙凤示范区现场指导和调研。湖北省委、省人民政府组建了龙凤示范区建设工作领导小组，并由省发改委出台了《关于支持来凤加快推进龙凤示范区建设的意见》。湘鄂两省发改委分别明确湘西处和地区处具体联系龙凤示范区建设，两委之间建立了联系和协调机制，共同批复了《龙凤示范区战略规划》，分别出台了支持龙凤示范区建设工作方案，两省发改委主任先后 5 次到龙凤示范区调研，并与 2012 年 12 月在龙凤示范区召开了现场推进会议，人民银行武汉分行、人民银行长沙中心支行制定了《龙凤示范区个人支付结算业务同城化实施方案》；湘西、恩施州委、州政府主要领导也多次到龙山、来凤调研龙凤示范区建设工作，两州人民政府分别出台了《支持龙凤示范区建设的指导意见》。龙山来凤两县人民政府先后召开七次联席会议，共同研究推进龙凤示范区建设的相关事宜。

2. 坚持规划引领

近两年，龙山县先后投入资金近 4000 万元，先后完成了城市总规、城区节点规划、乡镇建设规划、龙凤示范区建设规划、龙凤示范区旅游总规和详规等系列规划的编制工作，全面规划和解决了龙凤示范区“十二五”末和“十三五”期间做什么，怎么做的问题，就示范区的城市建设、产业规划和旅游开发明确了具体的思路和目标，高度统一建设武陵山片区中心城市和经济增长极的建设目标，凝聚了区域内93万人民的发展共识。

3. 坚持创新发展

示范区的设立赋予了先行先试、改革创新的目标和要求，同时也开拓了龙山、来凤两县的发展视野，转变和创新了发展思路。示范区批复以前，两县建设资金主要来源于中央及省级投资，争资的重点也是两眼向上，一度陷入在发展中落后，在落后中发展的困局。示范区批复后，面对周边县市咄咄逼人的发展态势，两县转变和创新发展思路，变两眼向上为两眼向外，变向政府要钱为向民间资本要钱。3年来，两县累积招商引资签约450亿元，实际到位资金180亿元，集团公司签订项目投资协议，总投资达150亿元，成功导入了BT、BOT、融资贷款等模式，成功引进重庆交建集团、五矿集团、重庆汇邦、重庆典雅、湖南建工、湖南龙骧、湖北黔龙、太平洋集团等战略投资者参与交通、市政等基础设施建设。

（执笔人：谭贤安　詹文明　陈海珍）

关于龙凤示范区建设“后半程”提速发力的思考

2011年10月，国务院批复《武陵山片区区域发展与扶贫攻坚规划（2011—2020年）》，确定在湖南省龙山县和湖北省来凤县设立武陵山龙山来凤经济协作示范区（以下简称龙凤示范区），并明确“到2015年，在城乡建设、基本公共服务均等化、特色产业发展、生态环境保护等方面取得新进展，一体化发展格局基本形成；到2020年，全面建成一体化发展体系，成为武陵山片区的重要城市和经济增长极。”2015年是过去5年取得成绩的“前半程”盘点之年，更是冲刺挺进“后半程”的进军之年。2015年，龙凤示范区建设站在了新的节点。为不辱上级使命，不负人民重托，对龙凤示范区建设我们必须有新的思考、新的举措。

一、战略定位——进一步明确龙凤的独特优势和设立龙凤示范区的样本意义

“不改初心，不忘来路，方得始终”。回眸龙山来凤两县竭力争取国务院设立龙凤示范区的艰辛历程和国务院同意设立龙凤示范区的终极考量，归结起来，就是龙凤的独特优势和龙凤示范区的样本意义。

（一）龙山来凤两县的独特优势

龙凤示范区在《武陵山片区区域发展与扶贫攻坚规划（2011—2020年）》中专栏设置，这是整个武陵山片区中唯一一个国家级跨省经济协作

示范区，也是全国14个集中连片特困区中唯一一个经国务院批复同意的跨省经济协作示范区。在众多贫困县中，国务院为什么仅仅选择龙山来凤两县作为跨省示范区呢？就是因为龙山来凤两县具有其独特的优势。经过几年的研究，笔者认为，龙凤两县之所以被确定为国家级示范区，其独特优势主要体现为"四心两地"：

1. 区位优势——"四心"

其一，中国"绿心"。武陵山片区是中国地理第一、第二阶梯的过渡地带，是中西部的结合部，是我国亚热带森林系统核心区、长江流域重要的水源涵养区和生态屏障。境内群山起伏，河溪交错，植被丰富，山水、田园、原野等各种景观具有鲜明而纯净的"绿"色调，又因其居于中国"雄鸡"状地理版图的心脏部位，被许多学者称之为中国"绿心"。龙山来凤两县正处于这片茫茫绿海中，承其绿意而增其绿韵。

其二，武陵"核心"。武陵山片区包括湖北、湖南、重庆、贵州四省市交界地区的71个县（市、区），其中，湖北11个县市，湖南37个县市区，重庆市7个县区，贵州16个县市，国土总面积为17.18万平方公里。如果把整个武陵山片区比作一个硕大的杏子，那么湖南龙山县和湖北来凤县的地理版图就如一颗杏仁镶嵌其中。

其三，几何"中心"。从区域经济版图来看，龙山来凤两县县城处于内外两个环形包围之中，内环为恩施、黔江、铜仁、吉首、怀化、张家界6个地级行政区所在地的连接线，外环为重庆、武汉、长沙、贵阳四个省会城市的连接线。按区域经济增长极理论，两县县城所在区域极易形成一个新的经济增长极。

其四，龙凤"合心"。龙山、来凤两县国土面积4473平方公里，其中龙山县国土面积3131平方公里，来凤县国土面积1342平方公里，两县国土形状从整体上看恰如一颗跳动的心脏。取其寓意，昭示着龙山来凤两县人民能够团结一心，共谋龙山、来凤两县经济发展。

2. 地形优势——"两地"

其一，盆地。从卫星拍摄下来的武陵山片区地势图来看，龙山、来凤两县县城所在地是整个片区内唯一一个面积较大的盆地，盆地内地势平坦，酉水河、果利河、蓝河穿行而过，适宜建设一个较大规模城市。

其二，吉地。龙山来凤两县城毗邻而居，紧密相连，一条酉水河从两县城间呈“S”形蜿蜒而过，隽永灵动，和谐共生，如一个硕大太极图铺垫在龙凤盆地。太极生两仪，阴阳化合而生万物。龙为阳，凤为阴，龙凤和鸣，预示龙凤示范区团结奋进、前程似锦。

（二）设立龙凤示范区的样本意义

在全国范围内，示范区或者具有示范区意义的试验区、先行区、创新区种类繁杂，数量繁多。从层级来看，既有国家级层面的，如上海浦东新区综合配套改革试验区、长株潭两型社会建设综合配套改革试验区等，又有省州县级层面的，如湖北省武陵山少数民族经济社会发展试验区、新化县大熊山生态旅游示范区；从示范的内容来看，既有综合的，如株三角一体化、武汉城市圈两型社会试验区等，又有某一个方面的，如武陵山区（湘西）土家族苗族文化生态保护实验区、湘西州国家级生态保护与建设示范区等。国家设立示范区的目的是通过试点取得可以复制的成功经验，然后再推广，从而推动经济社会的发展。

那么，设立龙凤示范区的重要意义何在，即设立龙凤示范区具有哪些样本意义呢？只有明确方向，才能精准发力。国务院关于《武陵山片区区域发展与扶贫攻坚规划（2015—2020 年）》的批复中明确将武陵山片区建设成为扶贫攻坚示范区、跨省协作创新区、民族团结模范区、国际知名生态文化旅游区和长江流域重要生态屏障，没有专门提及龙凤示范区应承担哪些样本意义。《武陵山片区区域发展与扶贫攻坚规划（2011—2020 年）》中则提出设立龙凤经济协作示范区，为区域一体化发展发挥示范带动作用，比较笼统。湖南、湖北两省政府及两省发改委、湘西州和恩施州政府文件中对设立龙凤示范区的意义均有论述，但不尽相同。作为龙山来凤两县必须准确把握中央、省、州对于设立龙凤示范区的意图，对症施策，才能更好地得到上级的各种支持。综合上述文件对龙凤示范区样本意义的定位，结合两县实际，笔者认为，设立龙凤示范区具有如下样本意义：

1. 为全国跨省经济协作提供样本

要着力打破阻碍经济发展的行政壁垒，协调各省（地区）的行政资源，畅通经济要素流动通道，积极探索跨省经济一体化发展的新途径、新机制。这也是当前我国经济发展过程中遇到的一个普遍的十分棘手亟待破解的问题。

2. 为全国贫困地区跨区域扶贫攻坚提供样本

中央把集中连片特困地区作为新阶段扶贫攻坚主战场的战略部署和国家区域发展的总要求，决定率先启动武陵山片区区域发展和扶贫攻坚试点，为全国其他连片特困地区提供示范。而地处武陵山片区的湖南龙山和湖北来凤因其分属两省，且两个县城紧密相连的独特性，使其成为全国14个集中连片特困区、679个县级行政区中仅有的两个县经国务院批复同意的跨省经济协作示范区。

3. 为全国跨地区生态文明建设提供样本

日前，经国家发展改革委、科技部、国家林业局等11部门在《关于印发生态保护与建设示范区名单的通知》中明确为首批国家级生态保护与建设示范区的市州县就达143个，但它们都是以行政区划为单位。第二批申报正在进行中，如果龙凤示范区能进入国家级生态保护与建设示范区名单，将为跨地区生态文明建设提供样本。

4. 为全国跨地区民族团结进步提供样本

国家民委在2012年4月已经把武陵山片区作为民族团结进步示范区。明确提出：“在武陵山片区大力开展跨行政区域创建民族团结进步示范区活动，作为创新民族工作的具体实践，不断探索总结推动民族工作的好经验、新方法，不仅能更有力地推动武陵山片区各民族和衷共济、和睦相处、和谐发展，也对在全国范围内加强和创新民族工作，推进民族团结进步事业具有重要的现实意义。”龙山来凤两县作为跨省示范区，具有典型引路、以点带面的先天优势。

5. 为全国贫困地区新的经济增长极的形成提供样本

加强龙凤经济协作示范区建设最终目的就是推动龙山来凤经济社会跨

越式发展，在区位上使两县县城之和形成与黔江、恩施、张家界、吉首、怀化、铜仁相当的建成区和人口规模，使之成为武陵山片区一个新的经济增长极。这是上述四个示范区建设的必然归宿。

二、他山之石——长株潭“两型”社会建设综合配套改革试验区的借鉴与规避

长株潭区域涵盖湖南省长沙、株洲、湘潭三市约2.8万平方公里的范围。长株潭三市是湖南的特色和优势，三市沿湘江呈“品”字形分布，两两相距不足40公里，空间结构紧凑。世界银行研究后认为，长株潭的区位优势和经济格局在世界上是独特的，其发展前景令人鼓舞。早在20世纪50年代，曾有把三市连接建设为“毛泽东城”的构想。20世纪90年代初，有专家建议设立长株潭经济区。1997年湖南省正式提出推进长株潭一体化。2007年12月14日，长株潭城市群获批国家两型社会建设综合配套改革实验区。

长株潭试验区获批以来，随着通信同号、金融同城、交通同网、能源同体、环境同治的实施，一体化发展步伐明显加快，成功跻身全国十大城市群，被《南方周末》评价为“中国第一个自主进行区域经济一体化实践”的案例。

尽管龙凤示范区的地域面积、人口数量、经济规模等都与长株潭不可同日而语，但长株潭一体化及试验区建设的思路和方法对于龙凤示范区建设仍具有极其重要的指导意义，其有益经验可资借鉴，不足之处或可规避。

（一）可资借鉴的有益经验

1. 成立了相应机构，制定了相关制度，构建了在重大问题上协商共谋的有效平台

在湖南省着手推进长株潭一体化后，相应的组织机构就应运而生。

1998年，湖南省成立了长株潭经济一体化发展协调领导小组，设置“长株潭经济一体化办公室”，归口当时的湖南省计划委员会。随后，三市

相继成立了长株潭经济一体化办公室。

2006 年 6 月，第一届长株潭三市党政领导联席会议在长沙召开，会议通过了三市联席会议议事规则，三市市长在会上签署了《长株潭区域合作框架协议》。由于长株潭“两型”实验区 2007 年获得国家批复，2009 年 1 月，相应成立了“湖南省长株潭两型社会建设改革试验区领导协调委员会办公室”（简称“两型办”），归口湖南省发改委管理。

2013 年 2 月，湖南省长株潭“两型社会”建设改革试验区领导协调委员会办公室更名为湖南省长株潭“两型社会”试验区建设管理委员会，为省政府专门负责统筹、协调和指导长株潭城市群“两型社会”试验区改革建设各项工作的正厅级行政机构。

在龙凤示范区，早在国务院批复成立龙凤示范区之前的 2010 年 9 月，龙山来凤两县县委、县政府就龙凤先行区合作共建达成广泛共识，成立了领导小组，组建了示范区工作办公室。2012 年 12 月两县签署了合作框架协议，建立了联席会议制度。从着手共同申报国家级示范区以来，龙山来凤两县先后召开了 7 次联席会议，就两县在向上申报、编制战略规划、谋划发展项目等一系列重大问题取得了成效。

2. 紧扣主题，积极主动推动改革，进行大胆制度创新

“大胆改革、率先突破是国家赋予试验区的最大权力，是建设两型社会的第一动力。”原湖南省委书记周强如是说。两型社会试验区成立以来，根据国务院批复的改革总体方案，围绕资源节约、环境保护的主题，试验区全面开展了八大类制度创新，纵深推进了 106 项原创性改革，交出了一份份亮丽的成绩单。

紧扣节约资源、创新环保机制。在全国率先推行居民生活用水、电、气阶梯价格改革，实行企业差别电价和惩罚性电价改革。长沙成立全国第一个农村环境建设投资有限公司，环境建设投（融）资管理中心。

紧扣转变经济发展方式，创新产业标准。出台两型旅游景区标准，禁用不降解餐具，这是国内第一个两型旅游景区的地方标准。在全国率先试行两型政府采购，两型标识认证。

紧扣政府环保监管职责，创新监管机制。率先在全国形成了两型建设标准体系框架，为全国两型社会建设标准体系形成作出了样本。编制了企业节能减排监管平台、“数字环保”系统等监测网，率先对湘江流域各级政府“一把手”实行环境损害终身追责。

在龙凤示范区，两县已经完成“订单农业贷款 + 政府担保 + 财政贴息”等五项信贷创新等，总的来说，两县原创性改革极少，在两县共同推进的改革仍乏善可陈。

3. 坚持规划引领，为一体化建设描绘宏伟蓝图

长株潭城市群发展一直坚持规划先行。在湖南省委、省政府作出推进长株潭经济一体化的战略决策后的第二年即 1998 年，长株潭经济一体化办公室就编制实施了交通同环、能源同网、金融同城、信息同享、环境同治五个网络规划。2000 年，编制《长株潭经济一体化“十五”规划》。2005 年，长株潭城市群被写入国家“十一五”规划，湖南省政府颁布实施《长株潭城市群区域规划》，这是我国内地第一个城市群区域规划。2007 年，长株潭“两型”社会建设综合配套改革试验区获国务院批准后，湖南省又及时编制了《长株潭城市群区域规划 2008—2020》。2014 年，主动对接国家“一带一路”发展战略机遇，调整提升区域规划，形成了长株潭城市群区域规划升级版。《长株潭城市群区域规划》的编制与实施，历经 10 余年，先后两次提升调整，现有 1 个区域规划、18 个专项规划和 17 个示范片区规划，形成了较为完整全面的规划体系。以《区域规划》为纲，以专项规划、片区规划为目，以《区域规划条例》和《绿心保护条例》两个条例及实施细则为保障，形成高起点、多层次、全覆盖的规划体系，成为统揽长株潭城市群协同发展，指导两型社会建设的行动指南。

在龙凤示范区，编制了《龙凤经济协作示范区发展战略规划》，并于 2012 年 8 月在北京召开了发布会。至今，两县已经共同编制了城市空间布局规划、旅游开发、城镇建设、基础设施、产业发展、酉水河保护与利用、公共服务、生态环境保护、金融服务、平安创建、人才发展和开发区建设等 12 个一体化专项规划，为龙凤一体化发展提供了基本遵循框架。

4. 着力基础设施一体化建设，为经济一体化扫除障碍

无论是推进长株潭经济一体化时期，还是两型社会建设时期，湖南省都把三市的基础设施一体化作为基础性、先导性工程。

“‘五同’建设概念的提出，是‘十一五’期间湖南区域经济结构调整中最精致的一件艺术品!”原长沙市市长谭仲池对长株潭基础设施一体化给予了高度评价。实际上，从1998年起，交通同环、电力同网、金融同城、信息同享、环境同治的“五同”在长株潭就已经启动。目前，基础设施一体化建设已经取得重大进展。如2009年，长株潭三市通信实现并网升位，成为全国首个通信一体化城市群；2010年8月，由长潭西高速、长株高速、醴潭高速组成的长株潭大外环建成，核心区七纵七横的城际干道正在建设中，城际铁路2016年年底通车；电网改造升级，企业燃气管网设施逐步联成一体。开通了大同城票据交换业务、银行卡同城、POS机、ATM、金融IC卡系统的同城化。三市在湘江流域保护与治理、大气污染联防联控、农村环境治理等方面协同治理已见成效。

在龙凤示范区，龙凤一水双城的标志性工程——湘鄂情大桥已在两县城的分界线酉水河上架通，龙凤双城实现了“零距离”融合；启动了龙凤城区水源点建设、龙凤酉水河综合治理、落水洞电站、龙凤城区骨干路网、龙凤城市外环线等重点项目建设；实现了龙凤两县城对开公交的统一运营管理；两县农村信用社、工商银行实现信贷业务“同城化”，中国邮政储蓄银行发行了首张跨省金融“龙凤IC卡”，龙凤平安共建已形成20多项合作机制；以取消异地漫游费为重点的龙凤通信一体化已经实施。

5. 把项目建设作为首要抓手

无论规划还是措施，都必须落脚在项目上，通过项目开花、结果。2004年，长株潭一体化终于迈出了从空间规划到项目实施的坚实一步，首批开发项目初选为6项，包括防洪景观道路、长沙污水处理厂、株洲洁净煤工程、株洲物流中心、湘潭4号大桥、昭山风景区。2005年6月，在湖南省基础设施暨长株潭一体化项目专题推介会上，湖南省项目仅分基础设施和长株潭一体化两大块，其中长株潭一体化项目60个，投资68亿美元。

现在，“两型办”每年都要出台长株潭两型社会建设实验区重大建设与改革项目，分为改革试点项目、基础设施项目、产业发展项目，每个项目都列出了建设内容及规模、起止年限、总投资、当年计划投资、进展情况、责任单位等。项目建设已经成为长株潭两型社会建设的首要抓手。

在龙凤示范区，仅在湖南省政府批复的《湖南省武陵山片区区域发展与扶贫攻坚实施规划》中，就明确了龙凤经济协作示范区十大工程。随后，两县掀起了项目大干快上的热潮。

龙山县县长梁君发出号召：“成大事者，当启破天之智，举撼山之力。加快项目建设，我们必须全力以赴。”龙山县2012年以来连续3年推进重点项目70多个，累计完成投资118亿元。今年，新谋划和启动实施了50个事关长远发展的基础设施和社会事业项目，计划总投资达543亿元。来凤县2012年以来连续3年固定资产投资增幅居恩施州八县市第一。

（二）应当规避的不足之处

1. 受行政分割的强烈干扰，一体化建设缺乏硬约束

长沙、株洲、湘潭虽然经济联系紧密，但行政区划不同，各自的利益诉求亦不尽相同。为实现“1+1+1>3”的效果，湖南省提出了长株潭经济一体化，并成立了相应的机构，但无论是之前的“长株潭办”“两型办”，还是现在的“两型社会管委会”，都不是超越于三市之上的行政架构，而是协调机构。例如，“长株潭办”归口当时的湖南省计划委员会，“两型办”归口湖南省发改委，现在的“两型社会管委会”的职责定位为：“省长株潭‘两型社会’试验区建设管理委员会负责按照省委、省政府的要求，统筹协调长株潭城市群‘两型社会’建设改革发展中的相关重大问题，协调落实省委、省政府关于长株潭‘两型社会’建设的重大决策。”其主要职责仍为“统筹协调”。因此，三市的一体化过程仍受到行政分割的强烈干扰。例如，过去三市在发展战略上受各自利益的驱使难以统一，长沙市重点发展城北河西新城和星马新城，株洲重点发展河西高新区，这就导致了长沙拓南难进、株洲往北难伸，湘潭独臂难支的局面，后来省人大通过了《长株潭城市区域规划条例》才得以扭转。又如，在吸引外资方

面，三市竞相压价拿出优惠政策。同样，在资源、金融、信息、环保等方面，行政壁垒这堵“无形的墙”时常横亘其间。

在龙凤示范区，龙山、来凤分属于湘鄂两省、湘西恩施两州，从两县建立起的联席会议制度等协调机制运行情况来看，明显刚性不足，在利益均沾的协调上推进有力，而在一县必须让渡利益时，则两县各怀心思，进展缓慢，甚至各自为战。

2. 基础设施重复建设，产业发展雷同

经济一体化的重要目的之一就是节约资源，实现基础设施共建共享，推动产业错位发展，避免恶性竞争。然而这一目的在长株潭一体化初期并没有很好的实现。基础设施重复建设比比皆是，如长株潭都争先建港口，长沙大力打造“新港水运枢纽”，湘潭不断扩建“十四总码头”，株洲重点建设“株洲航电枢纽”。由于缺乏规划协调，各码头各自为战，无序竞争，导致许多港口货源不足、设施浪费。长株潭三市的产业布局雷同，所确定的支柱产业没有彰显各自的特色和优势。如长沙重点发展电子信息、机械、食品，株洲重点发展有色冶金、化工、机械，湘潭重点发展机电、冶金、化工、建材，从这里可以看出，三市支柱产业多有雷同。

在龙凤示范区，基础设施方面，来凤县为举办“一节一会”已经修建了高规格的体育馆，而龙山县为迎接湖南省民运会又正在修建大型体育场馆设施。来凤县体育馆以田径项目为主，龙山县可考虑以游泳馆或其他有别于来凤县的体育设施为主。工业企业方面，两县都招商引资大型旋窑水泥厂等。

3. 提出启动早，实质推进迟，进程缓慢

时至今天，一些操作长株潭一体化的先辈们在谈论长株潭一体化的进程时仍耿耿于怀，“起了个大早，赶个晚集”。1982 年 12 月，湖南省政协委员张萍就提出把长株潭三市整合起来的设想，这一构想，比开发上海浦东的提议整整早了 8 年，此后长株潭经济区进入实践阶段，后又因有人提出不同意见，1987 年搁浅。1997 年，湖南省再次提出推进长株潭一体化。经过 7 年之后，直到 2004 年长株潭一体化才迈出了项目实施的实质一步。

2007 年 12 月，由于长株潭两型试验区获国务院批准，长株潭一体化进入更高阶段。纵观长株潭一体化的历程，可以说长株潭一体化进程缓慢而漫长，从提出到项目实施竟用了 20 多年。

在龙凤示范区，早在 2005 年 11 月，龙山、来凤两县党委、政府就两县城对接融合、抱团发展进行了正式会商，直到 2009 年 9 月，两县城融合的标志性工程——湘鄂情大桥才奠基开工。同时，龙山、来凤两县党校积极跟进，于 2009 年 10 月完成了龙凤双城一体化研究课题，为龙凤一体化建设初步奠定了理论基础。随即，两县紧紧抓住全国扶贫规划修编之机，多次跑部进京。终于在 2012 年 4 月，国务院批复了《武陵山片区区域发展与扶贫攻坚规划（2011—2020 年）》，确定设立武陵山龙山来凤经济协作示范区。

三、精准发力——龙凤示范区建设“后半程”再加速

按照国务院批复的《武陵山片区区域发展与扶贫攻坚规划（2011—2020 年）》所要求的建设步骤，到 2015 年，龙凤示范区“一体化发展格局基本形成”。然而，时至今日，龙凤示范区的合作共建仍然处在“隔靴搔痒”阶段，难以向纵深推进。离 2020 年“全面建成一体化发展体系，成为武陵山片区的重要城市和经济增长极”的时间日益迫近，要全面完成国务院交给的龙凤经济协作示范区的示范任务，我们必须时不我待、精准发力，在龙凤协作的“后半程”提速发力，努力实现既定目标。

（一）把优化协作平台作为“后半程”推进龙凤协作的加速器

国务院交给龙凤示范区的最重要的任务是探索跨省实现经济协作的新路子，为贫困地区经济一体发展提供可以复制的经验。因此，探索跨省经济协作新机制是龙凤示范区建设样本的第一追求。

当今，推进地区经济一体化的模式主要有“墨—印”模式、“乌—昌”模式。所谓“墨—印”模式就是指以墨西哥和印度等发展中国家走以政府主导的城市群发展模式，即通过行政区划的调整，先实现行政一体化，再以政府的力量推进经济一体化。这种模式在我国实行不太现实，我国地域

辽阔，行政区划多，区划调整难度大。所谓“乌—昌”模式就是指乌鲁木齐市和昌吉州经济一体化模式，即在不涉及乌鲁木齐市和昌吉州行政区划调整的前提下，成立乌昌党委，坚持财政统一、市场统一、规划统一，推进乌昌经济一体化。而龙凤经济一体化就是要摒弃以上两种模式，创新体制机制，创造“龙凤”模式。

1. 坚持重大事项共同立法

行政分割干扰强烈，一体化建设缺乏硬约束，是龙凤示范区建设必须首先规避的。要运用法律的强制规范性特点，建立一体化硬约束机制。要及时把龙山、来凤两县协商一致的重大问题通过法律形式固定下来，并报两州、两省备案，任何一方不得因自身利益需要擅自更改。如确实因条件变化需要更改的，必须两县取得一致意见，按照相关法律途径按程序更改。例如，《龙凤经济协作示范区总体规划》，酉水河环境保护等，要通过两县人大或湘西州、恩施州人大及时上升为约束两县行政行为的法律文件。

2. 建立完善龙凤示范工作机制

将两县的龙凤示范办合并为一个龙凤示范管理委员会，合署办公，由两县县长轮值管理委员会主任。成立十个龙凤一体化专项领导小组，负责推进龙凤十个一体化，明确任务、路线图和时间节点，其工作完成情况由龙凤示范管理委员会考核。坚持两县联席会议制度，要进一步细化两县联席会议议事规则，明确参会人员组成、召开时间、会议纪要的效力等，使龙凤示范区联席会议成为两县的例行决策会议。

3. 坚持部门协作推进

要充分调动各级各部门的积极性，使两县相对口的相关部门在各自的职责范围内直接加强联系和协作，定期召开部门协作会，共同推进龙凤一体化。如龙山党校与来凤党校已经在教学科研上实现了一定程度的资源共享，正进一步加大力度，准备两校联合举办培训班，共同培养两县干部，努力实现人才一体化。如卫生部门在建医院的时候，两县不一定都要建全科医院，应发挥各自特色，建中医院或其他专科医院。

4. 坚持人民群众监督

要使两县人民在经济协作共建中发挥主人翁作用，保证广大群众的知情权和监督权。要充分运用电视、电台、政府网站、手机等现代媒体大力宣传龙凤经济协作，营造浓厚氛围，争取群众参与和支持。特别是要建设龙凤规划馆，让广大群众了解龙凤城乡规划，自觉地加入到监督规划执行的队伍中来，以此增强规划的严肃性和权威性。

（二）把深化改革作为“后半程”推进龙凤协作的第一动力

当今的时代是一个改革的时代，当今的中国是一个创新的中国。改革创新已经成为时代的主旋律。全国上下，各式各样的示范区、试验区、创新区遍地开花、星罗棋布，经国务院批复的各种示范区也是数量众多。要在众多的示范区中争取到上级的更大重视、更多支持，我们必须敢为人先、勇当龙头、闯出新路，用好国家赋予我们的权力、完成国家交付的任务。国家设立示范区，是给予我们一个探索发展的平台，取得可以复制的经验用于指导类似地区的发展，国家需要的不是我们伸出来要政策、要办法的手，而是先行先试、大胆探索出来的路。

《武陵山片区区域发展与扶贫攻坚规划（2011—2020 年）》明确指出：“设立武陵山龙山来凤经济协作示范区，大力推进行政管理、要素市场、投融资体制等领域的改革”。据此，行政管理、要素市场、投融资体制三大改革是我们推进龙凤示范区建设的第一动力，要向改革要红利，用改革谋发展。

1. 行政管理改革方面

可试行权力清单制度；试行公务员分类管理和聘任制；行政审批制度改革，实现批管分离；试行“商事登记”改革，改革重审批轻监管的行政方式，简化工商登记手续，降低民间创业门槛；推进两县经济社会发展规划、城乡规划、土地利用规划、生态环境保护规划“多规”合一，实现龙凤示范区一个规划、一张蓝图；推进综合执法改革，如在城市管理上，成立城管、交警、环保、环卫、园林等部门人员组成的综合执法大队；推进联合执法，在环保、水利、国土、规划等方面组建两县联合执法队伍等。

2. 要素市场改革方面

建设统一的城乡建设用地市场，允许农村集体经营性建设用地出让、租赁、入股，实行与国有土地同等入市、同权同价；完善林权制度改革；推进户籍制度改革，放开龙山、来凤两县户口，两县居民可自由在两县所在地上户，逐步实现两县教育、就业、医疗等公共服务均等化；建立利益共享、责任共担的酉水河生态补偿制度，设立酉水河流域水环境补偿基金等。

3. 投融资体制改革方面

推动政府、企业与金融机构的战略合作，发展政府控股、参股的融资担保机构；探索发行龙凤示范区市政债；壮大投融资平台公司，引导社会资本参与龙凤示范区建设；在基础设施和公共服务领域大力推广使用 PPP、BOT、BT 模式；发展小型金融机构，建立自担风险的民营银行，引入民间资本和专业机构建立借贷登记服务中心、小额再贷款公司、资金互助组织；成立龙凤示范区投融资管理中心，加强投融资风险防范等。

国家交给我们的三大改革任务，我们几乎还没有起步。在龙凤协作的“后半程”，我们必须扬鞭催马、衔枚疾进，梳理出能大力推动龙凤示范区发展的改革项目，明确各项改革的时间表和路线图，用目标倒逼进度，迎头赶上。

（三）把项目建设作为“后半程”推进龙凤协作的首要抓手

1. 以项目投资拉动经济增长

投资、消费、出口被称为拉动经济增长的“三驾马车”。武陵山区是集老、少、边、穷为一体的集中连片特困地区，是全国 11 个连片特困地区之一。龙山、来凤两县地处武陵山脉腹地，长期以来经济发展滞后，消费能力明显不足，出口更无从谈起，从产业结构来看，多年来龙山、来凤两县的产业结构都极不合理。1990 年，龙山县的产业结构为 53.3 ：25.6 ：21.2（来凤县大致相同），2014 年龙山、来凤两县的产业结构分别为 25.9 ：23.5 ：50.6和 21.9 ：29.3 ：48.8。两县县域经济发展没有经过第二产业占据主导的阶段，直接跃入第三产业占据主导地位的阶段，与一般经济发展规律相背离。第二产业长期占比低，且目前两县仍然没有大型工业企业，一时也难以改观，第三产业虽然占比近年增长快，占比高，但绝对量低，增长乏力。因此，近期只有把项目投资作为确保经济发展的“驾辕之马”。

2. 以项目建设实现龙凤一体

龙凤示范区建设是一个庞大的系统工程。国务院批准两县成立武陵山龙山来凤经济协作示范区只是给我们戴了一顶国家级示范区的帽子，要建设好这个庞大工程还要穿衣服（打造龙凤整体形象和龙凤标志）、状骨骼（基础设施建设）、强肌肉（龙凤优势特色产业建设）、塑灵魂（塑造龙凤城市魂即龙凤精神）。这些都必须有项目的支撑。我们必须把项目建设作为龙凤一体化建设的主要载体和首要抓手。

（四）把争取政策扶持作为“后半程”推进龙凤协作的战略依托

武陵山龙山来凤经济协作示范区成立以来，示范区建设得到了国家、省、州的大力扶持，出台了一些原则上的指导意见，但到目前为止，国家尚未出台明确具体的扶持政策，省里也未出台单独的政策扶持，示范区要完成国家交给的示范任务难度不小。因此，两县要把向上级争取扶持政策作为示范区发展的战略依托。鉴于直接争取上级给予更多的资金或变相的资金扶持不太现实，需通过三大改革内生机制的运行，促使上级政策扶持。争取政策扶持主要从以下三个方面着力。

1. 争取协调机制硬约束建立方面的政策

两县协商一致的事关两县协作发展重大问题，通过两县形成协议后，各自报州、省备案。省、州要通过一定的形式使之成为具有法律硬约束的规范，如有一方违反协议，另一方可以通过行政复议或诉讼途径纠正错误或要求赔偿损失。

2. 争取上级权力下放方面的政策

湘鄂比照省级扩权县市标准，采取依法授权或委托下放等方式，赋予示范区行使与市州相同的经济社会管理权限。申请省级审批的土地、项目、资金等事项由县直接报省，打破自治州原有的掣肘。

3. 争取各种专项优惠方面的政策

土地政策：对龙凤示范区建设用地计划实行单列，优先确保其建设用地，并把耕地占补平衡纳入两省占补平衡范畴；金融政策：允许示范区发行债券，支持企业利用债券、票据等工具直接融资等。

总体而言，龙凤示范区的优惠政策要通过围绕三大改革的过程中出现的问题来争取，难以事先预设，也不可能一蹴而就。

（执笔人：罗继学　谭贤安）

“龙凤双城一体化” 研究

序　言

打开中华人民共和国地图的恢宏画卷，在中西部结合地带，云贵高原的余脉，有一大片莽莽群山——那就是名闻遐迩的武陵山区。武陵山脉东起于湖南省西北部及湖北、贵州两省边境，西止于重庆中部的涪陵区，山脉大致呈东北——西南走向，长度 420 公里，一般海拔高度 1000 米以上。习惯上，人们将武陵山脉覆盖的地区称为武陵山区，其国土面积 10 多万平方公里，人口 2000 余万。武陵山区崇山峻岭，沟壑纵横，层峦叠嶂，资源丰富，气候温和，风景如画。长期以来，生活着土家、苗、侗、白、壮、瑶等 30 多个少数民族，他们世代繁衍，生生不息，创造着灿烂的武陵文化。

武陵山区区位特色明显。从地理位置来看，武陵山区是我国第二阶梯向第三阶梯的过渡带，正好处于我国国土的中心位置，自古以来这里就是出川入蜀的重要通道，是连接中原与西南的重要纽带。从经济发展区域来看，武陵山区是我国中部经济区和西部经济区的过渡地带，是发达地区与欠发达地区的分水岭。在我国区域经济发展中起着东承西启的重要作用。从文化传统来看，武陵山区不仅是土家文化的发祥地，还是巴蜀文化、楚文化、中原文化以及云贵高原文化的交汇地。

在武陵山区腹地有一个 100 余平方公里的河谷盆地（我们把其暂名为龙凤盆地）。盆地四周群山环抱，盆地内可谓一马平川，湖南省龙山县城和湖北省来凤县城镶嵌在盆地中央，熠熠生辉。两县城直线距离仅为4公里，县城中心距离6公里，在全国绝无仅有。一条发源于武陵山深处的土家母亲河——酉水在龙山、来凤两县城之间呈“S”形穿越而过，蜿蜒注入沅水、汇入洞庭。龙凤两县边界线全长87公里，其中酉水共有河段达41.06公里。两县与湖北恩施、重庆黔江、湖南吉首以及张家界距离均在200公里范围之内。两县行政区划图合在一起呈“心脏”图形，且恰好处于武陵山区地理几何中心，实乃神奇之至。

近年来，龙山、来凤两县县委、县政府审时度势，与时俱进，因时顺势提出了县城对接融合以提升城市竞争力、进而提升区域经济竞争力的构想，并正在付诸实施，县城对接融合已成雏形。

为了推动两县城市一体化建设，湖南省龙山县委党校和湖北省来凤县委党校紧跟两县县委政府的宏观视角，决定将“龙凤双城一体化”作为一个跨省校际合作课题进行研究（为表述方便，文中“龙凤”指湖南省龙山县和湖北省来凤县）。从2009年6月开始，两校组织教师19人历时3个多月，深入到50多个部门单位，发放调查问卷300份，走访座谈79人次，掌握了大量素材。在调研汇总形成初稿后，课题组成员进行了多次反复磋商修改，在两校召集的课题报告碰头会、磋商会不下10次。由于跨省课题合作尚属首次，加上城市一体化是一个非常复杂的系统工程，课题组深感难以驾驭。尽管如此，我们仍然竭尽全力，数易其稿，终于艰辛付梓。我们期待着，“龙凤双城一体化”这一课题研究，能为龙山、来凤两县加速县城对接融合、提升城市竞争力、打造“武陵山区明珠城市”有所助益；期待着这一课题研究能推动龙山、来凤两县实现区域经济一体化，构建“龙凤经济板块”，把龙凤双城打造成武陵山区新的增长极；更期待着不久的将来在武陵山区诞生一个山水园林靓丽、民族风情浓郁的中等规模地级城市——龙凤市！

一、“龙凤双城一体化”命题的提出背景和意义

龙凤双城一体化是指一水（酉水）之隔，相互毗邻，隶属于不同省份

的湖南省龙山县城和湖北省来凤县城跨酉水对接融合，实现双城一体，以期扩大城市规模、完善城市功能、提升城市品位，把“一体城”（我们把其最高形态暂名为龙凤市）打造成为武陵山区中等规模地级市、土家文化集成区、边贸物流集散地、生态旅游宜居城，从而带动两县经济社会跨越式发展。

（一）“龙凤双城一体化”命题的提出背景

1. 基于国际国内区域经济一体化的理论与实践

经济一体化是经济社会发展的客观规律。随着社会生产力的发展，社会分工越来越细，人们的经济活动范围不断拓宽，生产要素必然要冲破疆界的限制，在更大范围内寻求和拓展更优的、更能获利的经济活动空间，从而实现生产要素的优化配置。可以毫不夸张地说，21 世纪是经济一体化的世纪，经济一体化的浪潮席卷全球。一些地理位置相近的国家或地区通过加强经济合作、消除由于行政分割而造成的经济壁垒，极大地推动了区域经济的快速发展，如欧洲经济共同体，北美自由贸易区、东盟自由贸易区等。

受全球区域经济理论与实践的影响，区域经济一体化正成为促进我国地区经济发展的重要形式。

党的十六届三中全会通过的《中共中央关于完善社会主义市场经济体制若干问题的决定》强调，要加快建设全国统一市场，强化市场的统一性；要促进商品和各种要素在全国范围自由流动和充分竞争；要废止妨碍公平竞争、设置行政壁垒、排斥外地产品和服务的各种分割市场的规定，打破行业垄断和地区封锁。这为地区间打破行政壁垒，实现毗邻区域经济协调发展提供了良好的政策依据。

党的十七大提出要“加强东、中、西部经济交流和合作，实现优势互补和共同发展，形成若干特色经济区和经济带”。

现在，越来越多的城市开始注重相互之间的互联互补效应，并逐渐向城市一体化方向发展，如武汉城市圈、长株潭城市圈、郑汴城市一体化等。城市一体化是城市由点状向网状发展演化的重要形式，它不但能有效解决单个城市扩张中的种种弊端，而且还能通过城市之间的职能分化、功能互补在保持集聚效应的基础上，扩大区域之间的交流，并带动区域经济的发展。

区域经济一体化特别是城市一体化的理论和实践为龙凤双城一体化提供了理论和现实依据。

2. 基于两县纾困突围、跨越式发展的内生需求

龙凤二县由于卷烟产业相继退出县域经济，又都地处相对偏远，短期内很难形成新的支柱产业，农业产业化规模小、工业现代化程度低、资源开发利用有限、经济发展落后。2008 年，龙山县经济总量在湘西自治州由曾经的老大哥变为倒数第三，来凤县在鄂西州也跌为倒数第一。虽然经济总量小，但两县县城第三产业较为发达，城市经济较为活跃。因此，利用城市带动战略发展县域经济不失为一个可行的选择。

然而，在当前，龙凤两县尚不具备区际带动意义，其规模与其所承担的职能并不对称，发展与扩张的要求急迫；另一方面，由于两县发展主要依靠自身的积累与单极化的扩张，从而使如今的城市规模和结构制约其原有扩张道路，这就形成了一对矛盾。解决这一矛盾的有效途径就是“双城一体”，把打造龙凤双城一体作为武陵山经济协作区的有机组成部分，通过集聚效应、规模效应、组织效应和辐射效应，全面提升城市品位，放大城市功能。

3. 基于两县“武陵中枢”的区位特色

从交通区位来看，龙凤地处湘鄂渝边区武陵山区腹地，连荆楚而挽巴蜀，历史上称“湘鄂川之孔道”，不仅是湘鄂渝边区承东接西、南北交汇之地和重要的集散中心，又是沿海省会经湘入渝东鄂西的必经之路，被誉为“湘鄂渝之门户”。

从经济区位来看，龙凤同属土家族聚居的贫困山区，均被纳入国家西部大开发范围。湘鄂渝三省会均为经济发达的大城市，武汉打造“武汉城市圈”，长沙正在打造“长株潭一体化”，重庆为西部唯一直辖市，正在积极打造“一小时经济圈”。而龙凤正好处于我国经济梯度理论中的“过渡”

地带。既可以面向富裕的大都市，面向现代化，也可以引领贫瘠的乡村，建设新农村。周边的永顺、保靖、花垣、秀山、酉阳、咸丰、宣恩、鹤峰、桑植等县城，因囿于地理位置太邻近地级城市，或自身条件制约，发展的规模受到局限。因此，龙凤双城完全有可能在周边范围内形成区域性中心城市。

4. 基于两县历届县委政府的发展共识

龙凤都各自为湖南省、湖北省的边区县，两县城隔河相望，独特的地理位置造就了两县城市建设“追赶”式格局。多年来两省都把其作为各自边区的“窗口”“门户”，重点扶持，形成了“龙凤相争”的奇观，极大地促进了两县经济社会的发展。

20 世纪 90 年代初，来凤县的发展速度、市政建设强于龙山县。湖南省不甘示弱，提出“湘西超鄂西，龙山超来凤”的口号。龙山县借机发力，“打通长沙路，开发西门陇，再造一个龙山城”，城区面积成倍扩展，市政建设赶超来凤县。

“龙抬头”在来凤县引起了一场不小的冲击波。21 世纪初，湖北省提出，“建好西大门，不丢湖北人”。来凤县以“决战凤城超龙山”的气概加大城市建设力度，热火朝天地开始了武汉大道建设，南拓来凤县城，形成了一股不比下龙山不罢休的势头。

“凤展翅”同样激发了龙山县永不服输的“龙头”精神。2005 年，龙山县修建岳麓大道，开发华塘新区，市政建设再领风骚……

在团结中竞赛，在竞赛中发展，两县多次同获全国“民族团结先进集体”的殊荣，共同谱写了“龙凤呈祥，比翼齐飞”的动人篇章。

实际上，在两个县城城区面积不断扩张的同时，两县决策层就已经高瞻远瞩作出了两城对接融合、抱团发展的设想，并使之体现在两县城的扩容实践中。2005 年 11 月，两县领导就两个县城对接融合的问题进行了具有历史性意义的正式会商。“推进龙山、来凤城市一体化是加速龙山发展进程的重要门路”，“加速来凤发展要进一步加强与龙山合作，走区域经济一体化道路”，时任龙山县委书记曹世凯和时任来凤县委书记王建民先后表达了上述观点。两县初步作出了“交通同网”“旅游同线”“产业同步”“环境同治”“信息同享”的发展规划，龙凤双城一体化拉开帷幕。

两县继任县委政府班子，审时度势，以前瞻、远视、科学发展的姿态，继续着力推进“龙凤双城一体化”的进程，均把双城一体作为本县发展战略。虽然名称尚未统一，但实质内容所指相同。

2009 年 9 月 9 日，湘鄂情大桥奠基开工，它的建成通车将与团结桥一起把龙凤双城由线状连接变为带状连接，为龙凤双城一体化掀开新的一页。

5. 基于跨省两县人民的热切期盼

两县人民对双城一体充满期待。特别是居住在两岸的群众，在我们与其交谈中，其企盼之急迫，令我们调查者感动。调查问卷显示，在收回的 248 份问卷中，认为“龙凤双城一体化”利大于弊、很有必要的 236 人，认为“可有可无”的 9 人，而认为“没有必要”的只有 3 人。座谈中我们了解到，绝大多数群众认为实施“龙凤双城一体化”可以极大地促进两县经济社会的发展，是造福两县人民的英明决策。龙山县华塘街道办事处螺蛳滩村支部书记说：“龙山、来凤两县接近，民俗相同，亲如兄弟。市场经济活跃了两岸的经济交往，上面领导应使两县城连为一体，共同提高两岸百姓的生活，两县经济才会发展得越来越好。”

（二）“龙凤双城一体化”战略实施的意义

实施龙凤双城一体化战略是推动龙山、来凤县域经济发展的引擎，对两县经济的发展具有重大而深远的现实意义。

1. 实施龙凤双城一体化发展战略是尊重经济发展规律的智慧选择

龙凤两县城紧紧依偎的地理特点为龙凤双城经济一体化创造了必要条件。而近年来龙来两县经济的快速发展为龙凤双城必然一体化奠定了坚实的基础。尤其是城市化进程的加速推进，两县农村人口大量流入县城，必然要求龙凤双城扩容提质。20 世纪 90 年代以来，龙山县城城镇人口由 5 万增至 10 万，翻了一倍，建成区面积由 3.7 万平方公里增加至 8.1 平方公里。来凤县城近年来人口规模也大幅提升，建成区面积增至 4.5 平方公里。

由于龙凤两县城镇化水平仍然很低，仅为30%左右，城市化还有很长一段快速提升的过程，它已经成为并且还将长期成为龙凤双城一体化的内生动力。

酉水河两岸人民的经济社会交往已使龙凤双城趋于融合。据龙山安捷客运公司负责人介绍，两县公交车平均每天的客流量多达6000多人，逢年过节，每天客流量超过1万人。两县的民政部门统计每年有150多对新人跨县结为夫妻。来凤县白羊坡村每年有数十名学生就读于湖南华塘中学，龙山县官渡口村也有多名学生在来凤实验中学读书。龙山县华塘街道办事处红岩寺村支部书记告诉我们，酉水两岸的百姓交往亲密，互帮互助，无湖南、湖北之分。官渡口村的支部书记说："我们村的人从小就对湖北熟悉，有些人的媳妇也是湖北的，卖菜也到湖北，在老百姓心里，从来没想到湖南、湖北之分，就是两县的政策不同时，才想到是分属于两个省管理。"

两县城镇化仍在加速推进，两县城之间的人民经济文化交流频繁，龙凤双城一体化的趋势不可逆转。龙凤双城一体化发展战略是尊重经济规律发展的智慧选择。

2. 实施龙凤双城一体化发展战略是抢占制高点，构筑"武陵中枢"的迫切需要

按照区域经济的非均衡发展理论，一个中心城市对周边区域具有一定的辐射半径，在这个区域内如果已经形成了一个中心城市，要想再形成规模相当的城市难于成功。因此，抢占了城市发展制高点，就抢占了经济发展的先机。龙凤盆地地处吉首、恩施、张家界和黔江四个地级市的地理几何中心，按直线距离，距吉首127公里，张家界110公里，恩施99公里，黔江86公里。按此测算，龙凤盆地中完全有可能再形成一个与之规模相当的中心城市。环顾周边，近年来，吉首、张家界、恩施、黔江的发展咄咄逼人，随着这几个地区交通网络的不断健全，基础设施的不断完善，其辐射半径不断加大，必将压缩龙凤城市的发展空间。龙凤双城一体化发展后，可以大力推动城市间各类经济组织、科研机构或行业协会之间的单边

或多边交流活动，使城市间合作组织进一步多元化、具体化。让各类组织以最直接、最低成本的方式实现信息、资金、技术、商业网络的对接，从而带动人流、物流、资金流，在流动中磨合、整合、融合，从初级到高级不断实现产业升级，并进而辐射和带动周边地区的发展。因此，实现龙凤双城合一，做大城市规模，构筑周边发展轴心，能使龙凤市成为继恩、吉、黔、张后的第五增长极。

3. 实施龙凤双城一体化发展战略是以城市大发展带动要素大集聚的磁石

城市化是人类经济和社会活动的产物，是人类社会发展的必然趋势。经济发展实质上是一个资源配置优化的动态过程，随着市场化程度的提高，促使资本、土地、劳动力等市场要素从生产效率较低的农业中解放出来，流向效益相对较高的工商业，这就是城市化的过程。城市化达到一定规模以后，它又会像一个磁石一样不断地吸引市场要素向城市集聚。城市规模的大小、城市功能的完备程度都决定它对周边地区带动和辐射作用的强弱，决定吸引市场要素质量的高低。龙凤双城各自为政，不仅城市规模小，而且导致城市功能相对较弱，对市场要素的吸附力就小。因此，龙凤双城合二为一，绝不是简单地 1 +1 =2，而是 1 +1 >2。

龙凤双城一体化的过程及其成功实现都会强化这一“磁石”的磁力。

4. 实施龙凤双城一体化发展战略是以产业大布局消弭同构大内耗的整合器

城市一体化有着广泛的内涵，但其核心是产业整合，而产业整合的关键是打破行政壁垒。龙凤相近的自然条件、相似的资源禀赋、相同的经济发展水平是实现龙凤双城一体化的先天有利条件，但是在行政壁垒下则是形成产业同构的主要根源。地方政府作为地方经济利益的代表往往采取多种非市场手段来干涉市场，最大限度地维护本地区经济利益。他们在选择本地区发展战略和主导产业时，理所当然会依托本地的优势资源和条件。同样，市场在自我运作中，具有优势资源和条件的产业会得到较好发展。在行政分割下，两地的市场要素多局限于本区域内配置，而两地相同的经济发展水平必然导致相同的消费层次、相同的产品需求，这就客观上进一步促进了产业的雷同。在这个意义上说，产业同构在很大程度上是与区域经济一体化程度成反比。由此可见，实现龙凤双城一体化，打破行政壁垒是实现龙凤两县产业整合的关键。

当然，在社会主义市场经济条件下，打破两县行政壁垒是为两县产业整合铺平道路，两县政府在产业布局中要注重发挥政府的服务和监督职能，积极引导产业合理布局，而不能干涉市场。因行政壁垒而形成的产业同构要坚决防止，而由市场取向形成的产业结构趋同，则有它存在的合理性，它极有可能是产业集群的雏形，反而需要精心呵护。

5. 实施龙凤双城一体化发展战略是我国省际边界地区经济发展的新探索

省际边界地区指省级行政单位的相邻地区，位于我国最大的行政单位——省（直辖市、自治区）的交界处。一般离省会城市和中心城市的距离较远。目前，我国共勘定省界 68 条，总长 6.2 万多公里。其中陆路边界线总长 5.2 万公里，分布着 849 个县（市），占全国总县数的 39%。受多种因素的影响，省际边界地区往往处于各省市区经济发展的边缘，发展慢，实力弱。如湘鄂边界 20 个县市区，2004 年 GDP 总量为 675.9 亿元，财政收入为 36.1 亿元，分别约占两省县市区 GDP 的 1/14，财政收入的 1/20。

制约省际边界地区经济发展的因素很多，主要是：严重的交通“瓶颈”，产业结构趋同，市场无序竞争，政府职能错位，等等。造成以上局面，除省际边界地区大多自然条件较为恶劣外，重要原因还在于行政壁垒。因此如何打破行政壁垒，实现省际边界地区经济又好又快协同发展，省际边界的不少县市在进行着各种有益探索和尝试。龙凤两个毗邻省际边界县以两县紧紧依偎的县城为依托，实施龙凤双城一体化发展战略，从而带动龙凤县域经济跨越式发展，无疑是我国省际边界地区经济发展的一种新探索。

二、实施“龙凤双城一体化”的态势分析（SWOT）

所谓态势是指状态和形势。目前国际上流行的态势分析法为 SWOT 分析法，它是由旧金山大学的管理学教授于20世纪80年代初提出的，SWOT四个英文字母分别代表：优势（Strength）、劣势（Weakness）、机会（Opportunity）、威胁（Threat）。优势和劣势是内部条件，机会与威胁则是外部环境。运用这种方法，可以对研究对象所处的情景进行全面、系统、准确的研究，从而根据研究结果制定相应的发展战略、计划以及对策等。我们对实施“龙凤双城一体化”进行态势分析，旨在指出实施这一战略究竟具有哪些优势、存在那些劣势、面临哪些机遇以及须应对哪些威胁或者挑战。只有通过准确地分析态势，才能为“龙凤双城一体化”战略的积极、稳妥、快速推进提供可靠依据。

（一）实施“龙凤双城一体化”的优势与机遇

1. 优势（Strength）

（1）具备城市一体化的空间形态。龙凤地处酉水源区域，酉水为两县主干河流。据卫星地图测距，两县酉水的共同河段有41.06公里。其中酉水从关口到龙嘴峡长17.698公里，蜿蜒曲折共10余道弯，与蓝河、果利河等支流冲积形成一个168平方公里的冲积盆地（我们可称之为龙凤盆地）。龙凤双城即位于龙凤盆地中心，该盆地一马平川，无溶洞、滑坡、断层、塌陷等不利因素，地势平坦，地质构造稳定，拓城施工易于进行，开发建设成本相对较低。平坦宽广的地貌为城市发展提供了良好的平台，是龙凤双城一体化最天然的硬件要素。

（2）具备城市一体化的基础要素。一是充沛的水资源。山无清水不秀，城无水景不美，人类有着天生的亲水性。城市水系是城市宝贵的环境特色资源，必须加以合理保护和规划。良好的水环境是城市的形象，代表着城市的品位，体现着城市的特色。两县城区共有三条河流：龙山的果利河；来凤的蓝河；龙凤两县的界河——酉水河。三河流域上游积雨面积近2000平方公里，降雨量充沛（年平均1400毫米），酉水工业污染较少，水质现状为Ⅱ，完全能够满足建设30万—50万人口的中等城市用水需求。二是有可观的人口基数。在以龙凤县城为中心的50公里范围内，生活着近100万居民。据统计，2008年末两县人口总数是89.18万人，其中来凤县

32.10万人，龙山县57.08万人。按2008年全国城市化平均水平44.9%测算，龙山、来凤两县城镇人口应在40万人，除乡镇人口，两县城人口数应在25万人以上。因此，经过5—10年努力，打造一个人口规模在30万人以上的中等规模城市具有现实基础。

（3）具有城市一体化的文化背景。区域文化是龙凤城市一体化发展的重要基础。龙山县和来凤县同处酉水源，所谓山同脉、水同源、人同宗、民同俗是对两县关系的最精辟的概括。酉水流域自古以来就有人类活动。据考古资料发现，酉水流域商周文化聚落星罗棋布。许多历史时期，两县属同一辖区，秦统一中国后，推行郡县制，两地属黔中郡，汉属武陵郡，三国两晋时期属荆州武陵郡，清改土归流时，分置龙山县和来凤县。相同的地理环境，使得区域内居民的语言、宗教信仰、艺术形式、生活习惯、道德观念及心理、性格、行为等方面具有一致性，因而形成了一致的地域文化。区域文化是区域内形成的思想意识及其表现形式的总和，是在历史发展的过程中逐渐形成的，反映了一个地区特定的人文历史境遇，所以，相同的区域文化，奠定了这个区域和睦相处、共同发展的基础。

文化认同是龙凤实现城市一体化的重要基础。龙凤都是少数民族聚居县，土家族、苗族人口众多，风土人情相似，民族文化共通相融。土家先人早在2000多年以前就在这一带披荆斩棘，繁衍生息。大约在五代以后，湘鄂西地区土家这一稳定的人们共同体开始逐渐形成为单一的民族。经过长期积淀，土家语言、土家歌舞、土家服饰等土家民族文化已成为两地人民共通相融的纽带，两县人民也共同传承和发展着自己独特的民族文化。在民族信仰和民族崇拜上，有一致的祖先崇拜、巫教信仰和对外来佛教的认同。在祖先的崇拜上，都祭祀土王，不同的是龙山县大部分供奉的是八部大神，而来凤县主要供奉的是彭公爵主。龙凤仅一水之隔，历史上就相互通婚，而且非常普遍，在婚丧嫁娶的习俗上也基本一致。在饮食文化、生活生产习俗等方面，龙凤二县几乎没有差别。相同的文化背景和文化渊源，形成了一致的文化认同，这是两县一体化的最重要的基础之一。

（4）具有城市一体化的后发优势。龙凤城市一体化的后发优势表现有二：一是城市一体化处于城市对接的初始阶段，城市一体建设基本上是空白，完全可以先规划后建设，避免推倒重来的巨大损失，可以少走甚至不走弯路。二是区域经济一体化特别是城市一体化的理论和实践为我们探索出了一条城市一体化的正确道路，特别是我国一些地方的城市圈建设已经并将继续为龙凤双城一体化作出示范。一方面我们可以借鉴其成功经验为我所用，另一方面我们又可以吸取其失败教训，防止出现偏差。

2. 机遇（Opportunity）

（1）各个层面政策扶持。国家西部大开发和中部崛起战略的实施，使处于中西结合部的湖南龙山、湖北来凤两县直接受益。以路网为例，“十一五”期间，国家发展改革委员会专门安排给湖北恩施州、湖南湘西州中央投资各5亿元的农村公路建设资金。

湖南省提出湘西地区开发战略、长沙对口扶持龙山等一系列惠及龙山县的政策。自1994年10月湖南省委、省政府及长沙市开始对口扶持龙山县以来，累计投资近10亿元，城区面积扩大一倍以上，城镇化率达到34.2%。

国家把恩施州确定为农业综合开发政策创新试验区，天保工程、退耕还林工程、农业部定点扶贫、湖北省“616”工程、湖北省“两圈一带”战略、“武汉对口帮扶”等，都直接惠及来凤县。

（2）周边经济圈的辐射拉动作用。龙凤同处于武陵山区的小经济圈，是我国第二阶梯向第三阶梯过渡的地区，周边大的经济圈一直推动着武陵山区小经济圈的发展。一是重庆经济圈的涵盖。重庆经济圈对渝东南的涵盖直接推动武陵经济圈的发展，黔江已经辐射到了周边武陵山区的县、市。二是中部经济的影响。武陵山区东部紧靠以武汉为中心的中部经济圈，在中部崛起的形势下，中部经济对武陵经济圈的影响很大。三是南部经济的刺激。武陵山区南部紧靠以广州为中心的南部沿海经济区。改革开放以来，武陵山区人民首先到广东、福建、浙江等沿海地区打工，接受当代国际经济潮和工商业的洗礼。沿海经济的发展刺激武陵山区人民开放思想，奋起直追。

(3) 交通瓶颈有望改善的预期。制约龙凤发展的因素很多，交通问题尤为突出。交通，形象地称为“一通百通”工程，随着黔张常铁路及吉恩高速公路的建成通车，两县与周边的交流将会更加频繁、便捷。到那时，龙凤到恩施、黔江、吉首、张家界等四个中等城市只需 1 小时左右。到武汉、西安也可以在 6 小时内到达。到长沙、重庆约需 4 个小时。目前，黔张常铁路止在筹建。吉恩高速公路也将在“十二五”期间建成通车。

(4) 武陵山区各种形式的协作及其舆论渲染的影响。早在 1988 年 11 月，湘鄂黔渝边区县（区）政协工作联席会由重庆市彭水县政协、湖北省鹤峰县政协和桑植县政协共同发起成立，每半年召开一次。目前已发展壮大为 18 个成员单位。在增进四省边区县（区）政协联络交流，促进区域合作，推动共同发展方面发挥了积极作用。

由全国政协民族和宗教委员会主办的“武陵山民族地区经济社会发展座谈会”已经举办了四届。2008 年，在贵阳举行时，中共中央政治局常委、全国政协主席贾庆林发了贺信，全国政协常务副主席王忠禹出席并讲话，国务院 13 个部委办和 4 省市的有关负责同志参加了会议。其规格之高、影响之大可见一斑。

2009 年 1 月，国发 3 号文件明确提出，要协调渝鄂湘黔四省市毗邻地区成立“武陵山经济协作区”。“武陵山经济协作区”上升为国家经济发展战略层面。5 月 23 日，武陵山经济协作区筹建工作正式启动，协作区的 50 个行政单元代表联合签署了《武陵山经济协作区筹建工作座谈备忘录》，就武陵山区经济协作区章程和框架协议达成共识。由此，武陵山经济协作区步入实质性操作阶段，将为武陵山区经济社会发展插上腾飞的翅膀。

龙山来凤作为武陵山经济协作区的一分子，敢为人先，大胆提出并实践“双城一体”，现正积极上争，推进武陵山龙山来凤经济协作区的工作。

（二）实施“龙凤双城一体化”的劣势与挑战

1. 劣势（Weakness）

(1) 行政壁垒制约。当前，两县的合作主要是依靠两县在任的领导人互相承诺达成共识而进行的。这是一种地方政府倡导式的非制度性合作协调机制。由于这种共识缺乏约束力，一旦地方领导人调动，就会使得这种共识的稳定性缺失，极易使合作机制架空。特别是在执行其决策时各吹各的号、各唱各的调，很难做到步调一致。两县在很大程度上都是按照自身发展的内在逻辑和实际需要而展开工作的，而不是从整个“龙凤”区域发展的总体要求出发。从近几年两县的城市发展规划来看，将分散的城市聚合成为整体，不仅有共识，而且有行动。只是这些“行动”是一种没有约束力的自发行动。虽然两县都有其城市建设规划，但由于行政区划、管理体制和政策机制等方面的原因，两县城市间仍然是各自为战、自成体系，还没有跳出“龙”“凤”这个圈子，缺乏宏观性、整体性。

我国区域合作的实践表明，要想打破行政壁垒绝非易事。长株潭一体化推动了20年，作为中国最早的自觉的城市群一体化行为，长株潭暴露出来的问题也更为彻底。咫尺之遥的长沙、株洲、湘潭三市，自20世纪50年代起就有“三城牵手”的梦想，但时至今日，仍任重道远。龙凤二县经历过“分分合合”的过程。曾有过同属湘、同属楚、同属川或蜀的历史，现在分属湘鄂二省。长株潭属同一省辖区的三市，其行政分割的局面依然难以打破，而龙凤分属两省管辖，其行政分隔不言而喻。行政分隔的直接后果是政策的不一致性，甚至对抗性。“你有你的政策，我有我的对策”就是这一现象的生动写照。正因如此，行政分隔也才成为一体化的劣势因素。

（2）经济相对落后。实施龙凤双城一体化战略必然需要大量资金投入，而龙凤属于经济不发达地区，都为国家级贫困县，地方财政收入低，政府难以抽出大量资金用于与此相关的城市建设。

调研发现，在2008年，龙山县在湘西州8县市中，GDP排名第三，工业增加值排名第五，财税收入排名第五，城镇居民可支配收入排名第四，农民人均纯收入排名第六。

来凤县在恩施州8县市中，GDP排名第四，工业增加值排名第六，财税收入排名第五（一般预算收入排名第八），城镇居民可支配收入排名第三，农民人均纯收入排名第二。

财政收入占 GDP 比重龙山县仅为 6%，来凤县为 11.7%，与发达地区比，上海为 60%。数据告诉我们，龙凤无大的工业支撑，经济总量偏小，用于自身解决“双城一体”的资金严重匮乏。

2. 挑战或威胁（Threat）

（1）边缘化危险的加剧。处在武陵山区腹地的龙凤二县，同属老少边穷地区，基础设施处于低水平，特别是经济总量不大，属于“吃饭财政”，尚未形成辐射域外政治经济文化中心的地位，在上级行政层级的棋盘中作用尚小。强者恒强、弱者愈弱，这是被边缘化的主要原因。近几年来，吉首、张家界、黔江、恩施等地随着交通条件的不断改善，城区面积不断扩大，城市人口大幅增长，经济呈现出跨越发展态势。蓦然间，龙凤四周已呈大树遮荫之势。

到目前为止，龙凤两县尚无铁路、民航机场和高速公路。北边新建的宜万铁路、沪蓉西高速公路与两县不沾边；南边，吉首、张家界的铁路、高速离两县距离甚远。而恩施许家坪机场、张家界荷花机场、黔江舟白机场、铜仁大兴机场离两县 100—300 公里不等。“铁公机”在龙凤二县形成盲区，人流、物流不便从此通过，交通制约是加速边缘化的诱因之一。

如果两县不加快经济发展以提升在上级行政层级心目中的地位，如果两县不制造吸引眼球的亮点以引起上级和周边的重视，如果两县不加快交通提档升级以畅通人流物流，边缘化危险将会进一步加剧。

（2）利益平衡点难以找寻的现实。在城市一体化的过程中，由于行政分隔的缘故，找寻双方利益平衡点是一件较为困难的事。我国区域经济一体化的许多试点单位貌合神离，其根本原因还是一个利益问题。来凤和龙山两县，从理论上讲，其一体化的难度大于我国其他地方的城市一体化。其他地方一体化城市，如长株潭，长沙是省城，株、潭是副中心；再如武汉城市圈，武汉是中心，其他是卫星城。而龙凤两县，一是分属两省，二是对等主体，其利益平衡点更难寻找。

（3）经济发展与生态保护的两难。城镇化进程的加快，龙凤双城的扩容从而带来“双城”人口的增加，以及工业的发展都会挑战“双城”的环境的承载能力。当前，果利河、蓝河已经受到较为严重的污染，酉水的污染也正在加剧，城区大气污染开始抬头……可以预见，随着龙凤双城一体化步伐的加快，两县经济特别是工业经济的快速发展，环境保护问题必将越来越突出。因此，在推动一体化进程、加快两县经济发展与生态环境保护之间找到契合点，避免走先污染后治理的老路，是考验两县领导贯彻科学发展观，提高执政能力的具体体现。

三、“龙凤双城一体化”的基本构想

“龙凤双城一体化”的基本构想是基于龙凤经济社会发展的基本状况，在把握优势、顺应趋势的前提下所描绘的一个理想化的状态。我们借此希望它不仅是两县人民的美好愿望，更是两县人民的行动指南。

（一）基本原则

推进“龙凤双城一体化”，必须坚持以科学发展观为指导，以促进龙凤跨越式发展为根本出发点，摒弃传统的行政分割思想观念，按照“一个精神统领，一个形象塑造，一个目标追求，一个规划建设，一个办法管理”的发展原则，在确定经济社会发展战略、编制城市总体规划、安排基础设施建设、布局主导产业等方面，相互沟通、协商和衔接，逐步实现“龙凤双城一体化”。

1. 一个精神统领

传承和发扬土家优秀文化，打造“龙凤精神”，用龙凤精神统领两县干部群众的思想和行动。从土家传统文化内涵看，崇尚自然、敬畏自然、善待自然、纯朴无忌、坦荡真诚、勤劳勇敢、热情乐观、和睦相处是土家文化的核心内涵，但也有封闭、保守等缺陷。在中华文化中，龙凤所蕴含和体现的基本精神总结为容合、福生、谐天、奋进、和美。

通过吸收和发扬这些核心内涵，从而煅造出具有鲜明个性的“龙凤精神”：“开放包容、自强不息、敢于创新、和谐向上”。

2. 一个形象塑造

无论是对外宣传还是内部建设，龙山来凤都应以龙凤形象整体出现。

龙凤双城一体化的形象建设，要因地制宜、独树一帜，充分发挥自身的山水和民族文化优势，共同打造“中国土家源”“龙凤呈祥”两大主形象。

3. 一个目标追求

通过实施龙凤双城一体化，实现龙凤在武陵经济圈的极化发展、跨越式发展，成为“武陵山经济协作区”的重要组成部分，共同将龙凤双城打造成：

中等规模地级市——城区面积约30—35平方公里，人口规模约30—50万人，城市化水平达到40%以上的中等规模城市。

生态旅游宜居城——人与自然和谐共生的临山滨水城市，塑造绿水青山亲和的景观线，形成“城在山中、山在城中、城沿河而建、河穿城而过”的自然景观。

土家文化集成区——通过共同打造土家民族文化品牌，形成土家民族文化的各种元素相对集中的区域。

边贸物流集散地——构建以龙凤城区为中心，以中心镇为依托，以公路干线为纽带，融大中型零售市场、批发市场、专业市场、集贸市场为一体的层次分明、功能互补、城乡连接、统一开发、竞争有序的边区物流中心。

武陵地区增长极——通过产业优势互补，打造“龙凤经济区”品牌，在经济规模有位次，对湘鄂渝黔边区有辐射，成为武陵地区继恩施、黔江、张家界、吉首之后的第五个经济增长极。

4. 一个规划建设

在龙凤双城一体化过程中必须首先科学地全面地作出城市空间规划、基础设施布局规划、产业发展规划、市场规划、生态环境保护规划，并严格按照规划进行建设。

5. 一个办法管理

对经济社会的管理两县应政策一致。

（二）推进模式和目标描述

1. 推进模式

以经济推动政治、以下层推动上层，逐步扩大影响，走先松散协作后紧密合作路线，有序推进，总体规划引领、产业发展主导、基础设施先行、重大项目跟进，先易后难，最终推动行政区划调整，促进两县经济社会的跨越式发展。

龙凤双城一体化演进路线图：龙、凤双城格局→"龙""凤"格局→"龙凤"格局→龙凤格局。

2. 阶段目标

	目标描述	主要任务	主要特点	时间
近期目标	两县虽属不同行政区域，但城市布局是一个完美整体（实现城市布局一体化）	1. 形成统一的区域规划体系（包括：一体化总体规划和城市建设、产业、环境、交通、信息等专项规划） 2. 完善相关组织机构和协调机制 3. 产业初步合作 4. 立足资源共享，合力建设城市基础设施，完善城市功能 5. 完成重点工程项目立项、设计，完成土地征用储备工作	对接融合 呈"龙""凤"格局	2006—2015 年
中期目标	两县虽属不同行政区域，但在经济社会文化各个层面成为一个整体，形成辐射周边的中心城市（实现经济社会一体化）	1. 产业融合升级（产业共建区） 2. 机构和行政管理机制的创新 3. 文化融合	"一体" 呈"龙凤"格局	2016—2025 年
远期目标	两县完全打破行政区划成为一体	建立"龙凤地级市"	一体 呈龙凤格局	2026—2030 年

（三）基本构想

龙凤双城一体化，其实施进程是一个复杂长期的过程，涉及很多方面，目前主要从城市规划、基础设施、产业布局、市场体系、生态环保、公共管理六个一体化着手，统筹兼顾，合理安排，构成龙凤双城一体化的基本轮廓。

1. 城市规划一体化

现在龙凤两县的新城区都在有意识地向酉水河靠拢，无疑为实现城镇一体化做了最坚实的铺垫。在龙凤城镇一体化进程中，两县应重点沿酉水河进行开发，形成“一河，两岸，双城，多组团”的一体化空间结构。

一河——酉水河生态休闲风光带。酉水河系两县的母亲河，是一体化城区的生态主轴线，两岸秀美的自然风光和人文景观，是两县共享的重要资源。酉水河生态休闲风光带以生态环境、休闲娱乐、旅游观光为发展重点，最终建设成为一条可与凤凰沱江相媲美的集景观道路、防洪堤岸、旅游观光、园林绿化、高新科技园、高尚雅致住宅、民族特色城镇的带状生态经济综合体。建议主要以休闲长廊和雕塑为主景，配以形式各异的小广场、岛屿山石、景观小品、灯光亮化等配套设施，组合种植翠竹、杨柳、松柏、芭蕉等其他乔木和灌木，并以百花点缀，以体现河水两岸相互映衬的独特景色。酉水是土家族的发祥地，沿途风景和一些古老的传说还有很多不解之谜，可以把这条神秘的河浓缩成一个小的浮雕，并配上文字说明，在观光长廊上可以建设展现土家历史的碑林，展示土家族勤劳智慧发展历程，并布置一些土家族过去衣食住行、用过的用具，向世人再现土家族过去靠刀耕火种到今天的幸福生活，让更多的人了解酉水及土家族历史，领会土家族人奋斗历程，感受土家文化的浓厚魅力，自发地爱上土家族，宣传土家族，以吸引更多的外地人来这里观光、探访，领悟和感受酉水的神秘文化和生态景观。

另外，还可以打造生态乐园。对酉水生态资源有计划地进行梯度开发，注重在保护中开发、在开发中保护，用橡皮坝把水堵起，形成有一定深度的水域，开展水上娱乐，像凤凰的沱江，可以荡舟酉水，提高城市人文魅力。还可以开展水上漂流等活动，不仅给当地民众一个好的娱乐消遣地，还可以为远道而来的游客洗掉旅途的疲劳。

两岸——酉水河两岸新城区。酉水河两岸两城共建区，禁止新建不符合西水生态休闲风光带环保要求的项目。两岸建筑应尽可能多地使用富有土家族、苗族文化内涵的元素，可在两岸的特色建筑物上分别设置“龙”与“凤”的标志，在两岸结合部位分别设置“龙凤呈祥”的标志。馆舍四周以各种花木衬之，布局可以自由灵活，不拘一格。街道顺水流而设，以青石板铺就，雨季不泥泞，旱季不飞灰，再辅以自然雅致的花纹图案，与整个风光带的环境相得益彰。情景设想：淼淼酉水，闲适、旷远，荡舟徐行，间闻山歌传情，曲岸湾头，深容藏幽而引人入胜；小径平桥为其脉络，长廊逶迤，岛屿山石映其中，两岸建筑仿佛浮于水面，加上木映花承，在不同境界中产生不同的艺术情趣，如夏日蕉廊，冬日梅影雪月，春日繁花丽日，秋日菊黄果硕，无不四时宜人，加之土家姑娘甜歌阵阵，婀娜舞姿，创造出处处有情，面面生诗，含蓄曲折，余味无穷。住宿馆舍，绿意交融，前后芭蕉掩映，竹柏交翠，风乍起，万竿摇空，滴翠匀碧，沁人心脾，所谓“日光穿竹翠玲珑”。

双城——龙凤双城。在龙山县城，重点是以老城区为中心的餐饮、娱乐为主的服务区，以华塘新区为中心的行政中心和边区商贸区，以土城坝—宝塔工业园区为中心的工业区和以太平山为中心的文化旅游区。

在来凤县城，形成以武汉大道为中心的行政中心和新的商住区、商务区，以仙佛寺为核心的民族宗教及民俗风情旅游区，以沙坨片区为核心的生态农业观光旅游区，以凤中路为轴心的商贸区，以凤仪大道为轴心的边贸服务区及桂花树工业园区。

多组团——龙山的五大组团是：民安组团、卸甲坝组团、象鼻组团、华塘中心组团、螺蛳滩组团。来凤的三大组团是：翔凤组团、土堡组团、黄茅坪组团。

2. 基础设施一体化

按照“三共”原则，建设好一体化的基础设施，即实现基础设施的共同建设、共同享用和共同管理，最终形成“五同”格局：交通同网、能源同体、信息同享、生态同建、环境同治。

（1）交通同网。城际交通：构建以龙山县城岳麓大道、209 国道、东西外环线与来凤县城武汉大道、凤翔大道、来凤绕城线为主干道的城市道路骨架网络，实现单线对接到带状对接的转变。

对外交通：一是建成区域内的循环公路网络。构建以龙山至张家界、龙山经永顺至吉首、龙山经里耶至花垣至吉首、鹤来咸为骨架的对外高等级公路网，拉通边境通道，从而形成内联外接的交通网络。二是建设精品旅游公路，建成跨省大景区循环路通道。三是重点争取两个交通建设大项目——黔张常铁路与吉恩高速公路。

（2）能源同体。一是加快电源点建设。按照武陵山区中等规模城市的发展需求，建设强大、安全、可靠的能源供应体系。主要建设好落水洞电站及其他小水电站，有序开发两县境内的煤炭资源，积极发展新能源和清洁能源。二是加快电网建设。加快建设骨干输变电工程，形成覆盖两县的完善的供电网络。三是完善两县天然气供输体系，确保供气充足、稳定。

（3）信息同享。积极发展 3G 移动通信，推动电信基础设施建设共建共享。虽然两县已经取消了通话的长途及漫游费用，但两县交界处的信号交叉覆盖，给很大范围内居民的通话造成诸多烦恼，因此应全面整合两县现有的电信、移动、联通等信息资源，实施有关线网、基站及其他设施改造，实现通信同城。

（4）生态同建。目前，需要共同加强酉水河流域水资源管理利用，特别是自来水厂取水河段要严格监控。蓝河治理已经启动，果利河流域的重点治理工程需要加快进度。

（5）环境同治。要加强两县治安、税收征管、计划生育等软环境的政策一致、执行协调，为双城一体营造和谐的体制环境和市场环境。

3. 产业布局一体化

（1）产业布局一体化发展总体目标。立足两县优势，着力发展绿色生态、民族文化旅游、现代商贸物流三大产业，打造武陵地区新的增长极。

2010 年，城乡基础设施条件明显改善，农业特色产业基地格局基本形成，工业产业集群框架基本确立，民族文化生态旅游产业有实质性进展。

2015 年，交通瓶颈制约基本解除，城乡基础设施条件基本改善，农业特色产业基地基本形成规模，工业支柱产业集群基本形成，民族文化生态旅游产业初具规模。

2020 年，建成武陵山区特色明显的绿色生态产业区，以历史文化、民族文化和生态环境为核心竞争力的旅游强区。

（2）产业一体化总体布局。

①"一心三环"式城郊型农业布局。

"一心"是酉水两岸两县结合的中心地带。在这一地带，以休闲农业为中心来布局以发挥农业的环境美化与节假日市民休闲功能，构建农、林、牧、副、渔业度假村，让游人深入到土家人平常生活之中，体验民族生活，用独特的民族特色和民族风情让游人流连忘返，使回头游的人越来越多，带动当地生态旅游业发展，促进龙凤经济的腾飞。

"三环"是指以两县结合部为中心，以距中心远近为主导因素分为三环：第一环为近郊区，人多地少，受城市影响大，宜以菜地为主，适当种植花卉；第二环为远郊区，宜种植蔬菜和水果，外围种植粮油作物；第三环为其他边远乡镇，根据自身优势多业并举，形成一乡一业、一村一品格局。通过"一心三环"式布局，以充分利用不同圈层的区位优势，实现资源配置最优化、经济效益最大化和农业发展的区域化、专业化和生态化。

②"两区三园"一体联动式工业布局。"两区三园"，即土城坝工业园区、华塘加工贸易区，桂花树工业园、四合工业园和大河工业园。

主要包括三个一体化：

一是结构调整一体化。要根据现代企业制度和规模经济的规则，调整两县工业企业的组织结构，积极培育和发展跨行业、跨地区的大型企业集团，并使区内企业自觉地服从和适应大集团的建设要求。

二是资源配置一体化。其一是向大集团集中，促使其形成规模经营，取得规模效益；其二是向高技术产业集中；其三是向特色产业集中。

三是品牌一体化。其一是把大集团的品牌做大做响。集团范围内的各企业统一使用一个品牌，加大广告投入力度，形成品牌的集束效应。其二是围绕知名品牌嫁接联营。同类产品在联营中达到知名品牌所要求的品位、标准、质量和技术参数，并经过知名品牌的认可后，统一使用知名品牌的商标。

③两业并举式引领第三产业发展。“两业”——现代物流业与文化旅游业。两县第三产业的发展重点应该放在现代物流业和文化旅游两个方面。以物流和文化旅游为突破口，投入相对较小，操作相对简单，心理上容易接受，引起的动荡较弱。

现代物流业。重点是稳固发展传统商贸流通业，大力建设物流业所需的基础设施，发展与铁路、高速公路相关联的综合运输网络体系。构建以龙凤县城区为中心，以中心镇为依托，以公路干线为纽带，融大中型零售市场、批发市场、专业市场、集贸市场为一体的层次分明、功能互补、城乡连接、统一开发、竞争有序的现代商贸流通体系，形成辐射武陵地区的边贸物流中心。

文化旅游业。通过旅游规划的一体化，旅游线路的一体化，旅游促销宣传的一体化，共同打造成集厚重的秦文化、深厚佛教文化、浓郁民俗风情、秀丽自然景观、璀璨人文历史于一体的武陵山区休闲体验游目的地、鄂湘渝黔土家民族风情走廊新亮点、连接张家界黄金旅游线和长江三峡黄金旅游线的中转站。

4. 市场体系一体化

(1) 建设统一的现代物流市场。目前两县要全力建好湘鄂渝黔边区物流中心，积极抢占湘鄂渝黔边区贸易制高点。同时，明确两县政府在促进物流发展中的分工，制定物流业具体的发展规划，从政策法规方面为现代物流业的加速发展提供有力保障，推进物流发展的市场化进程，为各类企业参与竞争创造良好的外部环境。

(2) 建立统一的商品市场。要彻底打破商品市场的区域性行政壁垒，规范商品流通环节行政性收费，约束市场垄断行为，保障商品流动的自由畅通和平等竞争，包括建立农产品绿色通道、开展垄断调查等。

(3) 建立统一的生产要素市场。通过两县的合作与努力，培育一体化的资本市场、技术市场、劳动力市场等，逐步实现两县各生产要素市场的相互开放，为两县的投融资、科技创新、人力资源流动等提供一个健康有序的发展环境。

5. 生态环保一体化

一方面要巩固退耕还林的成果，以大工程建设为载体，加大生态建设力度。继续以“三大工程”（“天保”“野保”、退耕还林）为重点，实行分类经营、分区施策，加强生态建设力度。

另一方面，在继续发挥两县环境保护主管部门作用的同时，应建立区域性环境管理协调机构和协调机制，统一协调两县的环境管理，逐步实现两县环境统一管理，理顺统一的环境管理、监察、监测管理体系，形成有利于“龙凤”城市良性发展的体制机制框架。

（1）加大河流治理力度，呵护水体的“净”。抓紧实施蓝河治理项目、果利河治理项目、酉水河综合治理项目，打造集防洪、土家文化展示、休闲娱乐、生态保护于一体的城市风景带。

（2）加大城区大气污染治理力度，捍卫城区的“蓝”。一是严格项目准入，严格围绕环境质量上项目，选择那些科技含量高、清洁生产工艺和无污染项目，走绿色发展之路；二是加大烟尘治理，推广清洁能源。另外，要严格施工现场管理，加强扬尘管理，严禁尾气严重超标的车辆进城，锁住扬尘污染的源头。

（3）实现垃圾无害化处理，保持城区的“洁”。现在两县城是把垃圾运到各县城的垃圾处理厂进行填埋，处理方式落后，建议两县共建一个高标准垃圾无害化处理场，实现两县垃圾的集中无害化处理。

（4）加强城区绿化建设，打造城区的“绿”。首先要加强现有城区的街道绿化建设；其次两县要集中财力，重点建设酉水河风光带。注重以绿色休闲为主，加大生态建设，尽量做到绿化、美化相结合，把一体化新城建设成一个人与自然和谐共生的山水花园靓城。

6. 公共管理一体化

（1）施行统一的政策标准。政策一致是一体化的重要因素。政策一致则成合力，政策相左则成阻力。例如，在招商引资上，统一投资优惠政策，避免恶性竞争，共打一面旗帜，以一个主体的形象对外；在产业发展上，通过统一产业规划、产业政策、产业信息、组织区域经济交流活动等，促进区内产业分工合作，引导产业向一体化发展；在土地征用上，统一拆迁补偿标准。此外，还可以在统一财政政策上进行探索。

（2）建立统一的电子政务系统。坚持以推进政务公开、提高行政效率、改善政府服务为日标，积极推广现代信息应用技术，加快电子政务推行工作。在办公服务系统、网站建设、网络应用、管理与服务、资源整合、信息共享等方面进行积极探索与合作。

（3）实行两县部门联动。例如：

加强双城应急管理合作，建立灵活、高效、统一的应急管理合作机制，共同应对区域面临的风险，提高共同应对突发公共事件的能力。

在以边区治安联防联系制度的基础上，进一步建立跨省治安联防机制。跨省中心户长负责制、跨省法律文书互认制、省际治安联防巡逻制等。

边界税收征管协作、计划生育管理协作、项目申报捆绑协作、旅游线路共享合作、对外宣传策划合作、文化体育活动合作等。

四、推进一体化建设的对策与建议

从2005年开始，龙凤双城一体化已经走过了10年。这些年的运行情况表明，这一复杂的系统工程并不能一蹴而就。一体化是双方在形成共识的前提下的共同行为，任何单方行动都于事无补。因此，必须统一认识，竭力促成双方统一发展战略，建立常设机构，按照先易后难的原则，共商发展协作机制。

（一）统一一个发展战略——“龙凤双城一体化”战略

龙山、来凤两县城对接融合，推动两县经济一体化，两县领导已成共识。然而，在实质内容完全一致的前提下，两县就这一战略的命名却各有其说，龙山县于2005年对这一战略命名为“龙凤融城”战略，而来凤县则相继提出“来龙城市对接”战略、“一水双城”战略。

孔子曰："名不正，则言不顺；言不顺，则事不成"，茫茫宇宙，浩浩人生，万事万物无不以名居世，以名而存。命名并非无足轻重，好的命名可以取得共识，凝聚人心，而一个得不到广泛认可的命名则有可能制造矛盾，瓦解人心。命名也是一门科学，须遵循一定的原则。我们认为，关于经济发展战略的命名应该符合两个层面上的要求：一是事实层面。即这一命名应当完整体现出这一战略的核心内容、精神实质，用词须精练、准确、清晰。二是价值层面。即这一命名应当具有美学意蕴，读来朗朗上口，听来心旷神怡，使广大人民从内心认同，产生情感共鸣。

对于应用何名，课题组经过反复比较、推敲，在两县共发放问卷300份，广泛征求意见，数易其名，最终形成统一意见，慎重地将这一推动龙山、来凤两县经济抱团发展的战略定名为"龙凤双城一体化"。其理由如下：

其一，这一命名能较好地避免语词歧义。"龙凤双城一体化"这一名称中性，不偏不倚，不会产生歧义。

其二，这一命名客观地反映了两个县近期发展独立性、远期发展统一性的现实。在短时期内，两县城市发展具有各自的特点，但长期看，两县城市必然融为一体。"双城"充分描述了"独立性"，而"一体化"前瞻地展示了"统一性"。

其三，一体化作为经济发展战略名称被广泛采用。荷兰经济学院教授简·丁伯根于1950年首次提出"经济一体化"这一概念。一体化的趋势是经济规律使然，然而一体化的过程完全可以通过各种政策，人为加以推动。全球经济一体化、区域经济一体化、欧洲经济一体化、长株潭经济一体化等，"一体化"作为推动经济发展的重要引擎已经得到全世界的认同，作为推动经济发展战略的名称已被广泛采用。"龙凤双城一体化"这一命名采用了"一体化"一词，既顺应了"龙凤双城"必然一体化这一规律，又使这一战略昭示着"一体化"的深刻内涵，为百姓所认可。

其四，"龙凤双城一体化"寓示着龙凤呈祥的美好未来。龙自古就是中华民族的图腾，是最具有神奇色彩的崇拜物，为众兽之君。据许慎《说文解字》记载，“龙，鳞虫之长，能幽能明，能细能巨，能短能长，春分而登天，秋分而潜渊”；《易经》有云：“飞龙在天，利见大人”；秦始皇亦名号祖龙。由此可见，龙代表健、阳、刚，象征着成长、搏击、发展。据《龙山县志》记载，清雍正七年（1729 年）建龙山县，因是“辰旗”之地，辰属龙，吉祥的象征，加之境内峰峦起伏，故名龙山县。

凤凰是中国神话传说中的百鸟之王，能在火中再生。凤的甲骨文和风的甲骨文字相同，即代表有风无所不在。凰即皇字，为尊贵、高大之意。凤为楚文化的图腾，楚庄王自比说，有一种鸟，三年不鸣，但一鸣惊人，三年不飞，但一飞冲天。即凤蛰伏待动，志存高远。凤代表阴、柔、美，象征着尊贵、幸运、吉祥。据《来凤县志》载，清乾隆元年（1736 年）建来凤县，来凤以凤凰来临的传说而得名。

龙与凤，一个是众兽之君，一个是百鸟之王；一个变化飞腾而灵异，一个高雅美善而瑞祥，两者的合作关系一经建立，便是“龙凤呈祥”了。

综上所述，两县很有必要统一战略名称，同提“龙凤双城一体化”战略。

（二）编制一个总体规划——《“龙凤双城一体化”发展总体规划》

为了确保“龙凤双城一体化”的有序推进、健康发展，近期应合力编制一个《“龙凤双城一体化”发展总体规划》。就总体规划的内容而言，主要应包括城市建设总体规划及相关区域规划、城镇体系规划、产业发展规划、重大基础设施布局规划等。

1. 彻底改变两县城市规划简单相加的模式

近几年来，为推进两县城市一体化建设，龙山县向西北发展，来凤县向南推进，逐步实现两县县城对接。在两县各自的规划中，其一体化城市结构为八大组团（来凤三大组团，龙山五大组团）。在来凤绘制的规划草图上，纳入了湖南一侧的龙山新城区规划；在龙山绘制的规划草图上，纳入了湖北一侧的来凤新城区规划，水电设施相随。但这毕竟都是从各自的角度和愿望出发的，其中既有切合实际、情投意合的主张，也有一厢情愿、强人所难的成分。在实施过程中就难免会出现这样或那样的不和谐。

其实，"龙凤"两县目前就像一对正处于热恋之中的少男少女，彼此都希望与对方结为"伉俪"，都具有强烈的"龙凤呈祥"愿望，时刻准备蓄势待发，但是又都表现得羞羞答答。因此，两县要坚决改变过去编制城市规划各自为战、简单相加的模式。"一家人不说两家话"，共商"一体化"大事。

2. 科学编制出"龙凤双城一体化"城市建设总体规划

为了确保规划的质量，两县政府或"龙凤双城一体化"协调领导小组可在协商统一的前提下，公开招标或共同委托国内外具有相对资质等级的设计单位，编制"龙凤双城一体化"建设总体规划，并同步编制城镇体系、土地利用、环境保护、产业布局、基础设施建设等一系列区域发展专项规划，按法定程序逐级报批付诸实施。规划编制要凸显科学性、时代性、区域性和独创性。

3. 积极推动规划立法，强化规划的权威性和约束力

为保障一体化工程能够顺利实施，"龙凤双城一体化"的一揽子规划，都必须经过龙凤两县人大，以人大代表会议或者人大常委会的形式予以通过，任何一方不得擅自改变规划内容。

（三）建立两个层面的工作机构

1. 在政府层面：组建"龙凤双城一体化"协调领导小组（决策机构），下设办公室及部门协调领导小组（执行机构）

（1）组建协调领导小组。"龙凤双城一体化"协调领导小组，组长由两县的县委书记轮值担任，副组长由两县的县长担任，成员包括两县相关职能部门负责人。

其主要职能是：研究解决龙凤两县的重大基础设施建设、重大战略资源开发、生态环境保护与建设以及跨区域生产要素的流动等经济社会发展中的重大问题；统一制定并组织实施龙凤经济社会发展规划、城市整体规划、产业发展规划以及市场竞争规则等，并负责监督执行情况；统筹两县的经济社会发展，全力领导"龙凤双城一体化"。在"龙凤双城一体化"协调领导小组成立的同时，要及时构建决策机制或专题议事机制、利益分

配协理机制以及政策运作监察机制、实务绩效审核评价机制等。

领导小组下设办公室，其主要职能是：负责日常联络和组织工作，做好综合协调，研究一体化的合作机制，建好“龙凤区域合作与发展论坛”，掌握“龙凤双城一体化”的进展情况，为加快推进区域合作发展提供相关的政策建议，督促领导小组会议决议的落实和执行。办公室主任、副主任可分别由两县的常务副县长轮值担任。办公地点选择要遵循专一、方便的原则，暂可设在两县之一的发展和改革局，待时机成熟后，由两县合资在其结合处修建一栋办公大楼。

（2）组建各部门（中层）协调领导小组。各部门（中层）协调领导小组主要职能是：研究行业性跨区域的共建共管共享合作机制，对领导小组及其办公室确定的重大合作事项，提出实施方案并协调、落实。针对两县各行业或职能部门共同关心的跨区域重大事项，建立相应的行业性的联席会议或联络制度，通过多种形式的沟通、协商、协调达成共识，然后付诸实施。根据专业、精简、高效的原则，设立各职能部门的领导小组或专业理事会。如区域规划与产业协调领导小组、重大基础设施开发管理领导小组、环境保护与治理领导小组等职能管理机构。组长、副组长分别由两县的各分管副县长轮值担任。

在以上各种机构的人员配备方面，应坚持公正、专业、精干的原则，要保证两县人员数量的平衡。

2. 在民间层面：建立各类跨区域的半官方及民间的协调组织

政府应积极推进体制改革，打破阻碍民间组织发展的制度障碍，为民间组织发展创造良好的制度环境，组建跨区域的民间组织，以民间的力量自下而上地推进龙凤双城一体化。民间组织的主要职责是研究龙凤一体化发展战略和推进两县协作。具体形式可有不同层次：

一是组建由两县专家学者为主体的研究机构。如“龙凤双城一体化发展咨询委员会”“龙凤双城一体化经济协调联合会”“龙凤双城一体化促进会”等组织。这些组织机构可作为“龙凤双城一体化”领导小组决策的咨询参谋机构。

二是组建行业协会等中介组织。政府退出微观经济领域后，可把一些诸如行业发展规划、质量标准制定、业务统计、政策建议等任务交给行业协会来完成。行业协会通过广泛搜集和整理行业信息、市场动态和经济参数以及来自各方面的愿望和意见，及时反馈给政府部门，加强信息的聚集和反馈，在为企业服务的同时，又为政府制定产业政策、行业发展规划提供可靠依据。

三是组建跨区域的股份制集团公司。跨区域公司是打破区域封闭格局最好的方式。因而，要倡导组建两县相互参股的跨区域的企业集团，这既是参与周边地区竞争的需要，也是打破封闭，优化资源配置，增强综合竞争力的需要。例如，在城市公交上，来凤安捷公司和龙山运华公司，就是由运华公司统一运营、统一核算的形式，有股份合作的雏形。

（四）形成有序有效有力的运行机制

要推动"龙凤双城一体化"，必须解决行政区划各自为政的问题，解决制度带来的障碍。"龙凤双城一体化"的根本出路是市场整合，而市场整合的前提就是政府角色的进一步企业化，唯有如此才能利用市场的途径整合"龙凤"双城。因此，构建"龙凤"合作发展的长效机制，必须坚持"政府推动"与"市场主导"双管齐下。

1. 构建"政府推动"的有形协调机制

区域经济一体化的基石是有效的协调机制。推进"龙凤双城一体化"战略的目的，就是通过行政力量基于对市场规范的共识，扫除行政壁垒，促进区域内部要素的流动，实现资源的有效配置，最终形成一个统一的区域经济共同体。通过构建一个强有力的政府合作机制，依靠政府间的合作积极推动"龙凤双城一体化"，这是现行体制下实现两县合作发展的理性选择。

(1) 转变政府职能，加强对"龙凤双城一体化"的引导和管理。在社会主义市场经济条件下，地方政府主要行使四大职能，即经济调节、市场监管、社会管理和公共服务。在推动"龙凤双城一体化"进程中，两县政府要从发展经济型角色转变为公共服务型角色，从各自为政的封闭型角色转变为分工协作的开放型角色。

第一，通力当好“战略家”。“战略家”就是指两县政府深刻领会国家宏观发展战略精神，制定适合“龙凤双城一体化”的社会经济发展的战略规划，强化对龙凤区域发展的协调和指导，实现区域社会、经济和生态之间的和谐发展。管理方式要由单一的行政手段向多元化的经济、法律、行政等手段转变，由过程管理向目标管理转变，由自为行政和人治行政向依法行政转变，由以微观管理为主向以宏观管理为主、微观管理为辅转变，由直接管理向间接管理转变。要适时向社会放权，主动培育社会自治团体，增强社会的自治能力。

第二，合力当好“平衡轮”。传统的地方政府十分注重职能的政治统治和经济干预作用，而忽视了对市场秩序的维护和市场环境的营造。政府理念要由统治型、强势型行政理念转变为服务型、治理型行政理念。其总体功能是利用自身的制度优势，消弭市场、个人和社会在区域经济一体化过程中产生的各类治理失灵现象，通过公领域、私领域和第三领域之间明晰边界与均衡制约，达到各类组织、各种权利（力）之间的动态化平衡，促进龙凤双城的协调发展。

第三，竭力当好“服务员”。“服务员”就是指两县政府要以服务行政为理念，培育龙凤区域合作发展的市场机制，营造一个成熟、开放的市场经济环境；向区域内的各类群体和组织提供基于区域合作发展的政策、信息等公共服务，提供完善的区域道路、通信等公共基础设施，实现区域公共服务和公共设施的网络化和统一化。“小政府，大社会”是历史发展的选择，地方政府要把服务作为第一理念，强化政府、市场与第三部门之间合作的观念，抛弃狭隘的属地观念。为了避免重复投资、盲目建设、无序开发等失误的出现，必须强化两城公共投入取向的协调，以最大限度地优化资源配置。

第四，尽力当好“协调者”。“协调者”就是指两县政府统筹解决区域经济发展中出现的各类矛盾和问题，尤其是加强两县政府之间的交流与合作，减少利益摩擦与冲突。其管理内容要由片面发展经济向促进社会、经济、文化和生态全面协调发展转变。在区域经济一体化背景下，两县政府不仅要为本地居民提供公共产品和服务，更要与其他地区的政府加强协作。统筹跨区域资源的开发、利用与保护，以增强资源的可持续性；统筹跨区域基础设施建设，以实现空间结构的网络化；培育居民形成一种共存共生、开放合作的文化观念，以增强对“龙凤双城一体化”的认同。

（2）借助社会力量，充分发挥非政府组织的交流协调作用。非政府组织以及民间组织，具有非官方性和灵活性，在促进“龙凤双城一体化”过程中可以发挥桥梁纽带作用，是市场机制中不可缺少的理想媒介。例如，龙凤两县的商会可以联合举办一些促进经济技术合作的研讨会、洽谈会和论坛等，给龙凤两县的企业提供展示和交流的机会，为他们进行沟通与交流提供一个便利的平台。非政府组织可以向政府反映合作过程中的新问题和新动向，并提出建议；可以扩大开放，建立代表龙凤双城的对外交流的民间团体；还可以在企业合作出现矛盾和纠纷时起协调和仲裁的作用，尽可能减少冲突，加强协作与互动，建立互访机制，加强横向联系，促进合作的顺利进行。因此，要加快建立两县非政府组织间的协调机制。

2. 构建“市场主导”的无形调节机制

市场，这只“无形的手”，在区域经济一体化中扮演着越来越重要的角色。作为相邻的两个县城必须通过加快建设区域共同市场，实现生产要素市场和社会管理及公共服务一体化，实现资本、资源、人才、技术自由流动，促进区域结构调整、产业合作和整合，进而加快推进“龙凤双城一体化”，提高“龙凤”城市的竞争力。

积极构建“龙凤”双城统一协调的市场竞争规则。“龙凤双城一体化”的关键是市场竞争规则的一体化。要加速发展现代物流业，建立共同市场。重点是稳固发展传统商贸流通业，大力建设物流业所需的基础设施，发展与铁路、高速公路相关联的综合运输网络体系。在抓好城市建设的同时，重视商业网点规划，搞好商业区域布局，做到布局合理，总量适度。通过湘鄂渝边区物流中心等现代物流市场建设，强化物流标准化体系建设，包括物流硬件与物流软件的建设，迅速提高物流代理经营管理水平、服务水平和信息化水平，推进各类物流装备的现代化。明确两县政府在促进物流发展中的分工，制定物流业具体的发展规划，从政策法规方面为现代物流业的加速发展提供有力保障，推进物流发展的市场化进程，为各类企业参与竞争创造良好的外部环境。培育一体化的商品市场、资本市场、技术市场、劳动力市场。强化市场管理，规范市场秩序。两县要形成合力，清除市场流通障碍，打破地区封锁的部门垄断，形成公平合理的市场环境，促进要素合理、顺畅流动。

（此课题为2009年湖南龙山县委党校和湖北来凤县委党校跨省合作的成果。课题组成员为：谭贤安　徐毓吾　吴文勇　罗继学　刘发万　田德贵　谢先想　张先柱　石秀梅　朱明鑫　向　阳　肖海滨　谭秀丽　向云萍　杨　林　姚家安　田　薇　姚元述　车丕湘　谭强龙　钱　静。主要执笔人为：罗继学　吴文勇　石秀梅　朱明鑫　向　阳　谭秀丽　杨　林　姚家安　田　薇　车丕湘　姚元述）

龙凤示范区经营城市的路径选择

经营城市，就是把城市建设本身看作一个既有投入又有产出的经济运行过程，把城市的土地资本、地域空间及其他经济要素视为最大的国有资产来经营，从而使城市建设走上“投入—产出—再投入—更大产出”的良性发展的轨道。龙凤示范区位于武陵山区腹地，湘、鄂、渝3省（市）交界处，是我国县城间相邻最近的两个县，直线距离仅5公里。2014年底，全区总人口为92.6万人（其中龙山县59.44万人，来凤县33.16万人），城镇人口26.36万人（其中龙山县17.56万人，来凤县8.8万人），城镇化率已达34%以上（其中龙山县34.1%，来凤县35.84%）。随着龙凤示范区城市化进程逐步加快，城市功能不断提升，城市经济迅速发展，城市已成为市场资源有效配置的重要载体；如何经营好城市，已成为该示范区推进城镇化进程中面临的重大课题。

一、经营城市必须大胆创新经营理念

过去，我国城市只是给人们提供无偿的、共享型的公共产品，政府对它只投入、不收益，只建设、不经营。在市场经济条件下，必须用经营的理念重新审视城市。

首先，要树立城市资源商品化的理念。在市场经济条件下，城市作为各要素资源的集结地，是土地等生产要素的提供者或购买者，怎样配置和经营好这些资源，事关城市发展的速度和质量。这就要求我们彻底摒弃那种仅仅视城市资源为福利产品、经济载体的传统观念，而要把城市作为资本、作为经济实体来看待、来经营。大连、杭州等城市的经验表明，城市本身就是最宝贵的国有资产，具有资本营运的巨大潜力。可以说，城市资源是一座有待我们发掘的大“金矿”。

其次，要树立城市管理企业化的理念。城市管理由于政府的全部包揽，用行政管理的办法管理城市的一切，结果市政设施、园林绿化、环境卫生、城市交通等都等着政府给钱，而这些行业自己手中的资源却闲置浪费，没有发挥效益。同时，靠供给制的办法，也不能保证行业管理的精打细算。在城市资本营运条件下，要实行政企分开、事企分开，形成政府调控市场、市场引导企（事）业、企（事）业参与竞争的运行机制。供水、供电、供气、公共交通、环卫、园林的经营等，不是由政府直接负责，而是以企业为主体，并且使之真正成为自主经营、自负盈亏、自我发展、自我约束的市场竞争主体。

再次，要树立城市建设产业化的理念。城市建设是事业更是产业，其本质上是一种经济行为。一方面，城市的产业发展、扩张与繁荣，必须以不断投入为前提；另一方面，城市建设本身就是一个具有极强带动力、能产生较大经济社会效益的产业，也是一个既有投入又有产出的经济运行过程。但我们过去一直把城市建设当作一种福利事业来对待，一切由政府包揽下来，只讲投入，不讲产出，重社会效益，轻经济效益，造成大手大脚、盲目建设的行为频繁发生，“今天建，明天拆”，“今天填，明天挖”的现象比比皆是。大量的城市资源不是在部门分享中流失，就是在无人负责的情况下闲置浪费。由此导致建设的路子越走越窄，政府的包袱越背越重，城市建设缺乏再生产和扩大再生产的能力。因此，我们必须遵循经济规律，像抓工业、农业、商业经济那样抓城市建设，注重运用经济政策和经济手段，引导和调动各方面的力量参与城市建设，彻底改变城市建设政府投入、无偿使用的旧模式，真正将其发展成为一种实实在在的产业。

二、经营城市必须大力加强政府引导

经营城市是一个复杂的大系统，涉及因素众多，关系复杂，具有多层

面、高综合性质。政府要切实转变职能，由过去的“办城建”转变到“管城建”上来，放开不该管的，管住该管的。

第一，出台配套政策。这是政府调控的主要内容和手段。要按照公平、公开、公正的原则，制订出台政策措施，让企业平等、自由参与城市经营，实行政策从宽、手续从简、服务从优，为城市建设主体排忧解难，保障开发者的合法权益，使企业获得合理的投资回报。具体来讲，要实施全面招商的鼓励政策和投资优惠政策，在土地供应、所得税、行政规费等方面对投资者予以优惠；实施财政扶持和金融倾斜政策，对重大基础设施建设给予财政贴息等扶持。另一方面，要特别强调城市资本营运的收支监管政策，确保城市资本营运的所有收入集中用于城市建设，用于各类建设项目的滚动发展。

第二，实施规划控制。规划是对城市资源的有效整合，是城市建设的“龙头”，也是城市资本营运的重要基础。城市规划必须坚持市场经济观念，视规划为财富，向规划要效益。要讲求规划的科学性，以超前的思维做好城市规划，力争二三十年不落后；讲求规划的经济性，注意为未来发展留下余地和空间，把优化土地资源配置摆在规划的重要位置；讲求规划的延续性，规划一经确定，就要严格执行；讲求规划的特色性，特色是一个城市的灵魂，要充分考虑城市的过去、现在和未来，利用好资源优势，凸显特色。

第三，营造城市环境。环境是城市的名片，环境是生产力和竞争力。良好的城市环境，包括过硬的基础设施、完善的城市功能、优美的自然环境和文明的人文环境。要把环境改造作为提升城市形象、推进城市资本营运的切入点来抓。要推行系统管理。按系统工程原理通盘考虑城市开发建设中的地下管道、地上建筑、商业网点、物业管理等一系列城市公用配套设施建设，体现城市资本营运的联动效应和整体效应。要实行人本管理。把城市美化、绿化、亮化作为事业来办，作为产业来经营，营造适宜市民居住、生活的城市环境。同时，通过营造优美的城市环境增强市民的自豪感，增强对外来投资者的吸引力。

三、经营城市必须切实选准营运对象

经营城市必须选准营运对象。这就要求用市场经济手段，对构成城市空间和功能载体的资本进行营运，以达到以城建城，以城兴城的目的。

其一，自然资本的营运。自然资本包括土地资本、水域资本、矿产资源等，当务之急是抓住土地资本。土地是城市经济发展的载体，其稀缺性、不可再生性，决定了它是城市最重要的资本和最具有潜力的资本。一个城市的发展水平与土地收益成正比关系，城市的投入也可以通过土地收益来实现回报。许多城市的资本营运，正是抓住了土地资本这个关键，通过健全土地资本营运机制，使土地收益成为城市财政收入和城建投入的重要来源。土地资本营运的基本思路是：城市土地统一管理，存量土地有偿使用，国有土地股本经营，土地供应总量控制，城市土地储备经营，经营性用地公开拍卖。简言之，政府要掌握城市土地的“统一收购”“垄断供应权”和“批发权”，通过“三权”调控土地市场，实现土地价值转换和最大限度的增值。具体营运中，可以采取竞价出让、招标拍卖、协议出让、开发建设捆绑上市、土地置换、综合开发等多种方式。

其二，再生资本的营运。即把各级政府无偿投资建成的城市基础设施项目（如水、电、路、广场等公用设施）的经营管理权，按照“政企分开，管理与经营分离”的原则，通过依法招标、拍卖、租赁、承包等方式有偿转让给国内外客商、企业法人、个体私营者管理，将获取的收益用于城市基础设施的建设。城建资本营运方面，可对城市道路经营权、道路清扫、垃圾清运、公厕保洁收费等环境卫生项目实行公开招标。对城市排水设施和园林绿化，以转让经营权、养护权为主要形式，广泛吸纳民间资本和外商资本。交通资本营运方面，采取股本置换或转让的方式搞公路道路经营权，积极筹建客货仓储服务中心，继续推行运输车辆经营权有偿使用。环保资本营运方面，重点融资兴建城区污水处理厂。旅游资本营运方面，通过景点拍卖、土地置换、引资开发等方式，提高旅游业整体效益。房产资本营运方面，通过出售、出租、调配、促销等手段，盘活城区房产。全面开放房地产交易市场，加强对房地产的宏观调控，促进房地产业和相关产业的良性发展。

其三，延伸资本的营运。延伸资本涵盖面很广，如城市知名度、公交线路、街道或桥梁冠名权等，这些由城市派生又独立于城市有形资产之外的延伸资本，是城市国有资产的重要组成部分。一方面，要引入市场机制，对这些资本进行市场化运作。通过拍卖城市道路、广场、桥梁、公园、建筑等设施的冠名权、公交线路经营权、户外广告发布权、机动车牌号使用权等，不断提高城市基础设施自我积累、自我发展能力。另一方面，要发掘城市文化内涵，培植城市的无形资本。要对城市的历史文化传统、现代文明建设、市民精神风范和城市对外形象作持久的挖掘和宣传，打好城市文化牌。

四、经营城市必须积极培育建设主体

经营城市的关键是建立一套与市场经济相适应的城市建设营运体制，实行建设营运主体的公司化运作。

一要规范融城公司的公司化运作。经营城市如同经营企业，必须组建经济实体代表政府作为出资人，运用市场经济的办法为城市建设融资和投资。融城公司作为城市资本营运的投资主体，负责城建国有资本营运，并行使国有资本投资主体职能。融城公司要按《公司法》组建成国有独资公司，主要职能是对政府委托经营的城市国有资产，进行管理和投融资，服务于城市建设。其优越性体现在：（1）实行了政企分开。融城公司是市场主体，不需要政府担保就可独立引资、融资、借贷，独立开展经济活动，摆脱了政府的无限责任。（2）突破了资金瓶颈。除了城市有不少资源可直接变现，体制的创新以及城市建设开发前景良好，都可以使公司获得较好的信誉，因而不愁资金。同时它也可以聚集城建资本。而在原有格局下，城市资本被部门分割，难免先吃饭后建设，先还账后建设。建设局没有土地经营权，国土管理局又没有建设开发权。融城公司直属政府就能协调各部门，积小钱办大事。（3）引入了市场机制。融城公司与建设局分离，则可引入市场机制，实行彻底的招投标，产生 1 >1 的效应。

二要推进城建单位的公司化运作。实施城市资本营运，城建系统事业单位和企业仍然是主体和生力军。要结合机构改革和事业单位人事制度改革，尽快解决城建系统多年来存在的政企不分的现状，推行政企分开、建管分离、事企分立，进行体制创新和管理创新，形成政府调控市场、市场引导企业、企业参与竞争的新的运作机制。对城建系统的事业单位，凡能以企业机制运行的都要转制为企业，凡属中介性质的，都转制为中介组织。逐步把城市供水、供电、供气、环卫园林绿化、市政养护、城市勘察、设计等事业单位转为面向市场、自主经营、自我发展的企业法人实体。一些兼有社会公益性质的企业，在政府给予适当补贴的基础上，实行自主经营、自负盈亏。

三要实行经营项目的公司化运作。城市建设要打破一元化体制，广泛引入竞争机制，建立和完善招标、投标办法，推动不同所有制企业之间的竞争，以公开招标的方式，择优选择资源的经营者、项目经营权受让人。这种运作方式，有利于明晰产权和利益关系，调动投资者的积极性；有利于项目融资，形成“借钱—生钱—还钱”的良性机制，减轻政府建设投入的压力；有利于明确资产经营责任，确保项目建设进度、质量和效益。

五、经营城市必须不断拓宽资金渠道

经营城市，资金是“瓶颈”。实行投资主体多元化，是解决城建资金问题的主要途径。要依托城市固有的资源、政策、环境等各种优势，不断拓宽融资渠道，善于利用国内外各种资金来经营城市。

一是用好自己的钱。一方面要盘活存量。这是当前和今后筹集城建资金的一条重要途径。把长期积累形成的城市资本推向市场，把闲置的资源以市场手段挖掘出来，改变静止状态，进入市场运动增值，获取资金投入再建设、再生产，城市建设的关键问题就可以迎刃而解。一方面要管住增量。突出的是管住、用好专项资金，发挥“以小搏大，以一当十”的功效。当前就是要通过政策导向和行政推动，抓紧归集“城市建设发展专项资金”，对所有营运收益实行“收支两条线”管理，对相关部门实行综合财政预算，切实将各方面分散的、低效的城建资金集中起来，统一使用。这样既能保证重点项目建设速度，又能利用时间差，调剂闲散资金额，提高资金的使用效益。

二是引进别人的钱。过去在搞项目上，往往是政府立项，政府筹资，政府拿在手上建设，唱独角戏。按资本营运的观念，项目本身就是资本，可以以项目生财，通过资本营运实现政府与投资者“双赢”。一方面要利用好政策，将城建项目挤进国家计划笼子筹集建设资金；一方面要制定好政策，吸引外来投资者带资建城。对于城市经营而言，各地都可以考虑按照城市发展的总体规划，抓紧编制一批重大城建项目上，在统一规划、统一设计、统一开发、统一施工、统一管理的基础上，按照“谁投资、谁受益”的原则，公开向社会招纳建设业主。

三是争取未来的钱。要消除城市建设怕负债的思想，负债建设本身不是债务，而是必须投入的，早投入比晚投入划算，拿 50 年后的钱在今天用，价值要大得多。负债建设操作得好，就可达到花明天的钱办今天的事的效果。继续加强政、银、企协作，扩大银行对城市建设的信贷投入。充分利用上市融资、股份制融资、发行城建债券等形式筹集建设资金。证券化融资也值得研究和尝试，这是一种建立在市场原则基础上的筹资方式，与单纯财政投资相比，具有更高的筹资效率；同时又是一种表外融资，能在不改变原有资产所有权结构的前提下更方便地利用社会资金额，从而实现资者多元化和资金使用权集中化的统一，有利于增强政府对城市建设的统一规划和调控能力。譬如，上海、广州、济南等城市已成功发行城市建设债券，缓解了建设资金不足的矛盾。

（执笔人：车丕湘）

龙凤示范区人才队伍建设的思考

当今世界的竞争越来越激烈，而竞争主要体现在综合国力的竞争上，竞争的胜败归根到底取决于人才。龙山来凤经济协作示范区（以下简称龙凤示范区）作为国家层面的战略，能不能很好地发挥跨省县域经济协作的示范效应，为全国类似经济协作提供借鉴，在很大程度上取决于能否建设一支高素质的人才队伍。本文就龙凤示范区人才队伍建设从三个方面谈点肤浅的认识。

一、在人才队伍建设类型上，要明确标准、各有侧重

人才的类型很多，这里笔者把它概括为三个大类。各类人才的标准有其共同的一面，如要有知识、有能力、身心健康、德才兼备、爱岗敬业等。同时，由于各类人才从事的工作不同，所处的岗位不同，其标准又各有侧重。

1. 党政类人才

这类人才是指在党委、政府部门工作的所谓“干部”。笔者认为，这类人才应该侧重于如下标准：

（1）讲政治。党政干部是治理一个地方的主力军，他们既是经济社会的决策者，又是决策的执行者，所以必须带头讲政治。具体来讲，就是要做到：一是必须坚定政治信仰，坚持用习近平总书记系列重要讲话精神武装头脑；二是必须对党绝对忠诚，坚决维护党中央的权威；三是必须严格党内政治生活，增强政治性原则性战斗性；四是必须坚决执行民主集中

制，坚持集体领导科学决策；五是必须自觉维护班子团结，营造清清爽爽的同志关系；六是必须遵守干部人事纪律，把从严要求贯穿到选人用人全过程；七是必须弘扬务实重行的作风，保持奋发有为的精神状态；八是必须模范执行党纪党规，以上率下做好表率，等等。做不到这些，就不是一个称职的党政干部。现在我们的少数党政干部尤其是少数年轻党政干部由于缺乏严格的党内生活的锻炼，缺乏艰苦环境生活的锻炼，加之受西方思潮的影响，离讲政治的一些基本要求还有相当大的差距。

（2）懂政策。毛泽东同志说过："政策和策略是党的生命。"政策是国家或者政党为了实现一定历史时期的路线和任务而制定的国家机关或者政党组织的行为准则，它具有阶级性、正误性、时效性、表述性等特点。党政干部是党的路线方针政策的执行者，不懂政策而盲目从事工作，就会南辕北辙，犹如掩耳盗铃。现实社会中出现的拍脑袋决策、拍胸脯表态、拍屁股走人的"三拍"干部好多就是因为不懂政策造成的。所以，懂决策、按政策办事是对党政干部的基本要求。

（3）具眼光。笔者这里说的是党政干部要具有战略眼光。所谓战略眼光，就是说作为党政干部考虑问题和处理事情时都要从全局的角度和长远利益出发，而不是整天只盯着自己眼皮下面的那点事情。《孙子兵法》中有云：不谋万事者，不足谋一时；不谋全局者，不足谋一域，说的就是这个道理。作为党政机关干部，更应具有战略眼光，因为一项政策的出台不仅对当时的社会环境具有约束力，甚至需要把几年甚至是几十年以后可能发生的社会变革信息都充分地囊括其中。例如，龙凤示范区建设目前正处于前期规划阶段，如果政府机关在政策制定前调查得不够深入或者不细致，则制定出的政策可能就会无法很好地落实而事倍功半。现实中由于不具有战略眼光而造成劳民伤财的事例可以说是举不胜举。

2. 专业技术类人才

这类人才是指通过学习接受某方面技术知识，具备该专业技术能力的人员。这类人员主要分布在各个事业单位，专业范围广，人员数量多，是中国特色社会主义事业建设的主力军，为经济社会的发展和人的全面进步发挥着重要作用。这类人才应该具备以下标准：

（1）品行正。品行，即人的道德情操，是通过言行举止表现出来的理念、思想、认识和品质等，是每个人内在素质、人格魅力、道德水准的外在表现。专业技术人员的品行既折射着他们的工作、学习和生活作风，也反映着他们的世界观、人生观和价值观。专业技术人员如果品行出了问题，对社会的危害性极大。如教师的品行有问题，就会带坏学生；医生的品行有问题，就会草菅人命；农技人员的品行有问题，就会坑农害农；工程技术人员的品行有问题，就会出现豆腐渣工程，等等。所以，作为专业技术人员必须具有高尚的职业道德、良好的职业操守。

（2）勤学习。当今时代是知识爆炸的时代，学习上的一劳永逸只会导致落伍和被淘汰。作为专业技术人员更应把学习作为工作来对待。只有通过不断地勤奋学习，才会使自己永葆青春的活力，不断地使自己的创新能力得以释放，从而极大地促进国家的科技进步和创新型国家的形成。

（3）精业务。专业技术人员从事的工作，一般都是专业性比较强的工作，当南郭先生是不可能做好工作的。所以，对专业技术人员来讲，必须具备扎实的技术理论功底和丰富的实践经验，才能成为行家里手。科学的东西来不得半点虚伪和骄傲。原子弹爆炸、“神舟”飞船上天、“天河二号”计算机的世界领先、国产支线客机的上天都是科学家们辛勤的汗水和严谨求实的工作的结晶。

3. 企业类人才

企业是从事商品生产、商品流通或服务性经济活动，实行独立核算，以营利为目的，依法成立的经济组织。在企业工作的人员应该主要具备以下标准：

（1）会经营。作为企业，不仅仅要生产出质优价廉的商品，而且还要使商品为社会认可，完成马克思所说的使用价值到价值的惊险跳跃，所以，作为企业必须有一支优良的经营队伍，包括原材料的采购、市场的开拓、信息的捕捉、广告的宣传等。如果缺乏经营人才，企业就不可能发展壮大。

（2）懂管理。相对于社会其他组织而言，企业的管理显得更为重要，更为严密。管理贯穿于企业生产的全过程。所以，作为企业特别是现代企业，必须要有一支懂管理的人才队伍，他们必须具备现代企业管理知识和理念，具备驾驭企业发展的能力和水平。

（3）善应变。企业生产的是商品，面对的是市场。而当今市场类型繁多、市场情况瞬息万变。我们要在激烈的市场竞争中取胜，就必须善于应变。作为企业人才队伍，必须瞄准市场、研究市场、适应市场，不能机械地照搬公式、套用模式，否则就会被滚滚的市场经济大潮吞没。

二、在人才队伍建设资源上，要不拘一格、形式多样

办好龙凤示范区，必须有一支规模适度、素质过硬、作风优良的人才队伍资源。龙山、来凤两县县委、县政府必须高瞻远瞩，采取系列战略举措搞好人才队伍资源建设，为龙凤示范区提供智力支撑。为此，个人谈点浅显认识。

1. 职能匹配

所谓职能匹配，就是指一个人所提担负的工作职责和所具备的能力要相适应，即我们平时所说的要“人尽其才，物尽其用”。如果担负的职责重而能力欠缺，就不能很好地完成工作任务；反之，如果能力很强，而担负的职责很轻就会造成人才的浪费。职能匹配是各级领导、组织人事部门在人才队伍资源建设上必须把握的一个基本原则。

如何做到职能匹配呢？

一是专业对口。一定的岗位必然对应一定的职责和工作任务，我们在选拔和任用干部时要尽可能选拔和任用与岗位对口的专业人才，否则就会风马牛不相及，作马耕田。二是适时调整岗位。对岗位工作不适应的人员以组织名义调整到合适的岗位上，按到鸡窝是生不了蛋的，这要形成常态。这就要求组织人事部门对每一个人才的情况信息一清二楚。三是组织人事部门、各级领导不能存有私心。现在就业确实不易，是买方市场。同时，各部门各单位待遇也不尽一致，好多人到了待遇好的单位只进不出，

原因是有背景靠山，为此占着茅坑不拉屎或拉不好屎，贻误了党的事业。这就要求领导部门敢动真格，实事求是地不拘一格选拔人才。四是提前离岗休息。对于年龄较大的老同志划定条件，在不影响政治经济待遇的情况下，劝其提前休息，为年富力强的年轻人让出职位空间，因为未来毕竟是年轻人的。近几年龙山县实行的提前离岗休息的举措笔者个人认为是很有战略眼光的。

2. 外引内留

外引就是从龙凤示范区外引进急需的人才，特别是急需的高学历人才；内留就是要留住龙凤示范区内现有的人才。这个问题如果解决不好，就会造成急需人才引不进，即使勉强引进也留不住，而区内人才又大量外流的被动局面。这种被动局面一旦形成，龙凤示范区建设的美好蓝图就不可能实现。

那么，人才如何“引得进”呢?

（1）要尊重人才。引进人才时要向他们介绍龙凤示范区的经济社会发展情况，不仅讲好的一面，也要讲不足的一面，使他们对示范区有一个大概的了解，吃下“定心丸”，尊重自愿，不搞“拉郎配”。

（2）要关心人才。引进后要从各方面对人才予以关心，不能引进前拼命劝，引进后任其干，更不能“关门打狗”。

（3）要解决人才的后顾之忧。如夫妻分居问题、子女入学问题、老人赡养问题、住房问题等。

另一方面，人才如何“留得住”呢?

（1）要创造一个良好的人才成长环境。俗话说：狗不嫌家贫，儿不嫌母丑。笔者认为，“丑”“贫”不是导致当前人才流失的主要原因，从某种意义上说，“丑”和“贫”更能激发人的上进心和创造力。很多人才的流失是因为没有一个好的环境造成的，包括工作环境、人文环境等。

（2）要有一定的政治经济待遇。造成当前人才流失的原因很多，其中一个很重要的原因是政治经济待遇偏低，从政治上来说，很多人感到前途渺茫，找不到努力前进的方向，有本事不如有关系，干工作不如走后门，讲实话不如哗众取宠，等。从经济上讲，我们作为“老、少、边、山、穷”地区，和发达地区相比还有很大差距，同时，按劳分配的原则还没有得到很好的执行，干好干坏一个样，干多干少一个样，甚至干得好的、干得多的从经济待遇上还不如干得差的、干得少的。于是乎，“孔雀必定东南飞”“人必定往高处走”。

（3）要为人才施展才华搭建好平台。正如老师需要讲台、演员需要舞台一样，人才的成长如果没有平台是留不住人的。这就要求龙山、来凤两县的党委、政府从战略的高度，抓住龙凤示范区建设的大好机遇，统筹谋划，精心设计，搭建好各种平台，让各类人才在各自舞台上演出一幕幕惊天地、泣鬼神的活剧来。

3. 招（考）推（荐）结合

搞好人才队伍建设，把真正德才兼备的人才选拔到合适的岗位，公开招考不失为一种好的办法。龙山、来凤两县最近几年公开选拔的实践已经证明了这一点。为了进一步做好这一工作，笔者认为关键要把握以下几点。

一是招考的目的一定要明确。只有目的明确，招考才能有的放矢。

二是招考的程序一定要科学。招考的每一环节都要科学设置，要环环相扣，不能出现纰漏。

三是招考一定要公正公开透明。不能带有人为色彩，不能搞暗箱操作。参与招考的领导和工作人员，一定要讲政治、讲纪律、讲大局，不讲人情，招考的结果要使大家心服口服。

除了公开招考外，组织推荐也不失为一种选拔人才的形式。这种形式已沿袭多年，是一种很传统的形式。这种形式的最大优点是对被推荐者建立在长期认识了解的基础上，不像公开招考那样短时间地局限在几个关口就确定选定人才的情况。要搞好推荐人才工作，笔者认为关键在于作为推荐的组织特别是推荐人才的领导要出于公心。一方面要站在对党的事业负责的高度把真正优秀的人才推向更合适的岗位；另一方面，不能因为人才优秀而舍不得忍痛割爱，这对被推荐人才是极不公正的。

三、在人才队伍建设机制上，要顺应潮流，理清思路

搞好人才队伍建设，机制非常重要。所谓机制，简单地说就是制度加方法或者制度了的方法。推而广之，人才队伍建设机制就是人才队伍建设的方法。笔者认为，人才队伍建设要注重以下四种机制：

1. 注重计划机制

“凡事预则立，不预则废”。龙山、来凤两县党委、政府、组织人社部门要加强人才队伍建设的计划性。

第一，要根据经济社会发展的需要，拟定详细的人才队伍建设计划纲要。在拟定纲要时，要认真研究龙凤示范区的发展目标、产业结构、功能定位等，在此基础上，确定人才的类别、规模、时间要求、建设方法等，使龙凤示范区建设所需要的人才不留死角。

第二，要保证计划纲要的刚性实施。再好的计划，如果停留在纸上，那就是纸上谈兵。为此，必须明确各个部门的职责任务，想千方设百法完成计划目标，甚至可以纳入绩效考核进行奖惩。

2. 注重培养机制

人才的成长具有自身的规律性，一个人能否成才，除了个人的天赋和努力外，很大程度上取决于组织的教育培养。

第一，要注意人尽其才。针对每个人的特点，充分地用其所长，扬长避短，把每个人安排在合适的岗位上经受锻炼。

第二，要多措并举。现代社会是一个快速发展、开放外向的社会，社会舞台五彩缤纷、令人目不暇接，一个人要成长得很快，必须适应环境而不是环境适应我们，所以作为培养人才的组织可以采取送其培训、易地交流任职、挂职锻炼、到基层工作等多种形式培养人才，使他们快速健康成长。

第三，突出品德教育。人才本身就应该是德才兼备，品德高尚本来就是人才的题中之意。但这里强调品德教育，是因为品德太重要了。一个人如果品德不行，能力再强，才华再横溢，对党的事业只会有害无益。

同时，一个人的品德也是变化的，今天品行好并不代表明天品行好。所以，品德教育应该贯穿于人才培养的全过程，不能毕其功于一役。

3. 注重激励机制

良好的激励可以使一个人产生无穷的创造力。搞好龙凤示范区建设，各级组织、各个部门要正确地运用好激励机制，为各类人才真心诚意服务龙凤示范区建设提供强大动力。

第一，激励一定要传递正能量。在运用激励时，一定要有正确的激励导向。作为激励者的组织或领导，一定要激励那些敢于创新、敢于担当、有所作为的人才，在激励中，千万不能感情用事，凭主观意气行事。通过激励，让被激励者的活力得到不断释放，让没有受到激励的人向先进看齐，从而形成你追我赶的生动局面。

第二，要正确运用激励方法。市场经济的逐利性，便人们比较看重个人的经济待遇，所以物质激励是一个常用的方法。除此之外，作为社会的人，按照马斯洛的需要层次理论，人的需求要由低到高包括生理需要、安全需要、归属和爱的需要、尊重的需要、自我实现的需要等。因此，还要综合运用其他的激励方法，包括尊重人、关心人等非物质的精神激励方式。总体来讲，激励要灵活运用，经常运用，要取得实实在在的效果。

4. 注重流动机制

“流水不腐，户枢不蠹”，搞好人才队伍建设，人才的正常流动非常重要。实践证明，一个人长期在某一个地方或某一个岗位工作，很容易泯灭活力，产生惰性。因此，在龙凤示范区内要建立正常的人才流动机制。

第一，搞好人才的空间流动。龙山、来凤两县虽不在同一行政区划，但国家层面的龙凤示范区已使两县天然地融合在了一起。所以，从现在起，两县要做好人才的流动规划，特别是各类人才在两县交叉任职的规划。交叉任职的最大好处就是可以使人才了解龙凤示范区的全貌，然后有针对性地找准自己的努力方向。

第二，搞好人才的岗位流动。我这里讲的岗位流动，不是指同一人才在风马牛不相及的两个或多个岗位盲目流动，而是指岗位职责、技术含量相近的岗位的流动。这种流动的最大好处是能够使人才的能力得到锻炼，综合素质得到提高。因此，这也要求两县做好可行性研究和计划。

（执笔人：刘发万）

龙凤示范区人才一体化研究

武陵山龙山来凤经济协作示范区（以下简称龙凤示范区）包括湖北来凤县和湖南龙山县。龙山、来凤是全国县城间毗邻最近、区位条件最为独特的两个县，处于鄂、湘、渝三省市交界之地，是吉首、张家界、恩施、黔江的几何中心，国土面积4473平方公里，总人口91.5万。两县县城以酉水河隔河相望，新区已实现零距离对接。建设龙凤示范区，对武陵山片区区域发展与扶贫攻坚具有重大而深远的意义。但要推动龙凤示范区一体化的进程，必须处理好、配置好、整合好区域间的各方面资源，包括物流、资金流、信息流和人力资源。而人是生产活动过程中最积极、最活跃、最富有创造性的因素，所以人力资源的一体化是其中的重中之重，也是核心所在。

一、龙凤示范区人才合作现状

龙山县和来凤县山同脉、水同源、民同俗，合作交流源远流长，人民群众友谊深厚。2011年10月国务院批复设立武陵山龙山来凤经济协作示范区以来，两县打破行政壁垒，启动城市规划建设和公共文化、金融、交通、通信服务等十个“一体化建设”，强化人才合作。2015年7月4日，龙山、来凤两县共同通过了《龙凤人才一体化建设方案（草案）》，确定在平台搭建、人才开发、产业发展三方面进行纵深合作，并达成共识。2015年3月以来，两县的供销联社、编办、工业园等多个部门开展座谈，深入探讨各自领域人才一体化的建设方案。

随着《武陵山龙山来凤经济协作示范区发展规划》的初步实施，龙凤区域人才一体化更为决策者和广大老百姓所关注。根据规划，两县从2012年起，每年按照不低于上年度经常性地方财政收入2%的标准，设立人才一体化发展建设工作专项资金，专项用于支持各类高层次人才创业创新、产业扶持和人才奖励等。在增加财政投入的同时，鼓励各类企业和社会组织建立人才发展资金，形成多元化的人才资源开发投入机制。力争示范区平均每年用于人才一体化建设资金不少于3000万元。到2020年，龙凤示范区人才总量将达到58850人，其中企业经营管理和专业技术型人才达11000人、技能型人才达35000人、农村实用型人才达8000人，将为武陵山片区龙凤示范区提供坚强的人才保证和智力支撑。

二、龙凤示范区人才一体化存在的困境

（一）行政区划分割导致的行政壁垒和体制性障碍

龙凤示范区人才一体化建设最大的瓶颈是各自为政的体制性障碍。龙山县、来凤县分别隶属湖南省和湖北省两个不同的行政区。行政关系上的分离，必然导致“行政门槛”的出现。在现行政绩考核制度下，各地片面追求本行政区经济利益最大化，区域内产业重复建设严重，势必造成对人才资源的争夺，致使区域人才配置错位，“人才过剩”和“人才紧缺”并存。龙凤两地地处武陵山脉腹地，是典型的“老少边穷”的山区小县，人才集聚效应明显不足，经济基础、社会环境、创业平台都难以吸引人才和留住人才，从而导致高层次、高技能人才严重匮乏。然而两地引进的高端人才因体制原因又不能在区域内自由流动、智力资源不能共享，难以发挥人才的最大能效，人才价值的“显性”浪费和“隐性”浪费都很严重。

（二）产业雷同导致人才资源市场各自保护

表1　龙山、来凤两地三次产业构成情况（%）

时间	地区	第一产业	第二产业	第三产业
2012 年	龙山	27	23.9	49.1
	来凤	24.8	27.9	47.3
2013 年	龙山	26.1	24.4	49.5
	来凤	22.9	29.6	47.5
2014 年	龙山	25.9	23.5	50.6
	来凤	23.2	28.6	48.2

资料来源：湖南信息统计网、来凤县人民政府网

从龙凤两地三次产业占地区生产总值的构成情况来看，三大产业两地所占比重均趋同，其中相差最大的是 2013 年的第二产业，但相差也只有5%。由此可见，龙凤两地产业雷同现象严重。产业发展需要大量的人才资源支撑，两地产业雷同不仅导致物质资源的大量浪费，对人才资源也是一种浪费，各地为了本辖区内产业的正常运转和快速发展，激烈的人才资源争夺是不可避免的，产业的重复建设直接导致两地的竞争大于合作，无形中形成人才资源市场的各自保护。

（三）人才市场一体化建设滞后导致区域人才流动受阻

龙凤示范区建设还处于起步阶段，两地打造区域协调规划发展的时间较晚。2011 年国务院才正式批复《武陵山片区区域发展与扶贫攻坚规划》，2015 年 1 月 30 日，湖南省人大代表、龙山县委书记彭正刚在 2015 年湖南省两会期间首次提交了《关于支持龙山县加快推进龙凤示范区建设的建议》。可见，龙凤两地一体化建设方面还处于探索时期。两地虽然加大了合作，签订了一系列的合作协议，但大多数都只是在经济领域和部门合作（例如，2011 年，两县签订了《来凤、龙山支付服务示范区共建协议书》；2012 年，武汉分行、长沙中支出台《龙凤示范区个人支付结算业务同城化实施方案》（武银〔2012〕144 号）；2014 年，湘西、恩施联合印发《关于

金融支持龙凤经济协作示范区建设的指导意见》等)，而且形式单一，合作的广度、深度不够。尤其是人才一体化建设上还未同步跟进，区域内人才合作建设的制度体系更是空白。

表2 各城市群合作签订制度文件情况

地区	时间	相关制度文件
京津冀	2005年6月	《京津冀人才开发一体化合作协议书》
	2006年12月	《京津冀人才交流合作协议书》《京津冀人事代理、人才派遣合作协议书》《京津冀人才网站合作协议书》
	2011年4月、6月、9月	《京津冀区域人才合作框架协议书》《京津冀人才一体化发展宣言》《京津冀人才工作一体化发展2011年度工作计划》
珠三角	2005年1月	《珠三角人才资源开发一体化合作协议》
	2007年3月	《珠三角城市群人才交流一体化合作框架协议》
	2009年6月	《珠江三角洲地区人才工作联盟合作框架协议》
长株潭	2008年7月	《人才中心合作协议》《引进外国智力合作协议》《评委库资源共享协议》《人事仲裁协助业务和工作交流合作协议》
	2009年6月	《长株潭三市互派干部挂职学习锻炼工作协议》《长株潭三市高端紧缺人才柔性流动协议》
	2012年2月	《长株潭“金三角”就业一体化合作协议》
	2013年9月	《长株潭三市文化交流与合作框架协议》

从表2可见，京津冀、珠江三角洲、长株潭城市群都制定了相关的制度体系推进人才一体化建设。特别是长株潭城市群从2008年至2013年共签订了8份推动人才一体化建设的制度文件。正如前文所述，龙凤两地产业雷同，激烈的人才争夺必然导致人才资源市场的各自保护。推动龙凤一体化建设，若没有刚性的制度文件作保障，是很难取得实效的。目前龙凤示范区还未制定相关的区域人才合作的制度文件，因此，制度体系的缺失已成为制约龙凤示范区人才一体化建设的又一困境。

（四）政府机构缺位影响合作进程

人力资源流动是靠多个部门有机协调管理的。我国目前的人力资源流动和人才合作协议等都是人力资源和社会保障部门主要负责，但是人力资源流动不是一个简单的工作地的更换，而牵涉了户籍、教育等各方面的问题。中国目前没有移民局这个主管人力流动的部门。所以人力资源的流动金仅靠人力资源部门是难以有效地解决流动出现的问题的。龙凤两地的人力资源流动也主要靠两地的人力资源部门的合作，其他相关部门，如组织部门、供销部门等进行协调但是深度和效度不够，这在一定程度上影响了两地人才合作的进程。

三、龙凤示范区人才一体化建设的路径及措施

（一）龙凤示范区人才一体化建设的路径

1. 转变观念，树立区域人才观

基于龙凤两地人才队伍规模不能满足经济快速发展的需要，特别是高层次人才严重匮乏的现状，两地必须切实转变观念，树立区域人才观，以推动龙凤示范区人才一体化建设。

第一，树立区域人才“共建”理念。所谓共建，是指双方在平等互利的基础上加强合作，共同建设，实现双方资源的最优化。从龙凤地区的产业结构来看，来凤工业结构偏重而龙山工业结构偏轻，形成了功能互补的城市群功能区，为龙凤人才共建提供了良好的基础条件。为此，两地要以科学发展为指导，以节约人才开发成本为前提，最大限度地实现区域内各级各类人才优势互补、共通共融，探索合作共建理念。

第二，树立区域人才“共享”理念。人才共享是区域经济一体化的基本内容之一，同时也是解决区域内不同地区、不同用人单位人才结构性矛盾的现实选择。推动成渝城市群人才一体化建设，其关键在于如何突破体制障碍，树立人才共享思维，构建区域性人才共享机制，在人力资源上由“独有”向“共有”转变，以更广的视角、更大的范围、更高的效率来配置人力资源，做到人才不为所有，但为所用，从而破解区域内人才紧缺和分布不平衡问题。

第三，树立区域人才“共赢”思维。共赢是双赢的扩展，它的最显著

特点是，不仅要相互交往的双方互利（共赢），更重要的是不以牺牲第三者（个体，整体，环境）利益为代价。

龙山县和来凤县虽分处两省，但都是国家级贫困县。自从“龙山来凤经济协作示范区”被批复后，两个“穷兄弟”得以抱团，共谋发展。但两县“竞争中有合作，合作中有竞争”，在人才流动问题上，难免出现“我才必我用”的观念。这种死板的人才保护观念直接影响决策者的决策，影响地区间的经济、文化合作，其实是一个“双输”的效果。为此，“共赢”理念的提出，对龙凤示范区经济发展和人才一体化的构建具有很好的借鉴作用。两地一方面要积极探索区域内人才柔性流动机制，打破人才区域流动的体制机制障碍。另一方面要探索建立区域间合作共赢的人才发展载体和平台，破除以自我为中心的“独赢思维”，构建共同利益基础上的“共赢思维”。共同把“蛋糕做大做强”，为引进高端人才提供强大的经济支撑和发展空间，提升区域人才竞争比较优势，同时也可以降低引进高端人才的成本，实现共赢。

2. 打破行政壁垒，营造宽松和谐的政策环境

加快城市群人才一体化建设，需要实实在在的政策加以推动，才能破解区域人才一体化建设过程中的各种体制性阻隔。

第一，争取国家层面的政策支持。在政绩考核上，不再唯 GDP 至上，应进行综合考核，关键是要从对区域发展贡献等方面设计相应的考核指标体系。在区域规划上，争取国家出台相关政策，或由国家牵头编制成渝城市群一体化发展规划纲要，制定并落实相关的配套政策，对龙凤示范区重点产业、科技创新、平台建设等方面给予重点扶持，为湘鄂地区高端人才集聚搭建高质的创业平台、营造宽松的制度环境。

第二，龙凤两地要加强沟通与合作，双方要根据区域内人才建设的实际情况和经济社会发展的现实需要，研究制定统一的人才政策，包括人才引进、培养培训、人才评价、人才使用以及人才的教育、医疗、住房、社会保障等政策措施，为区域人才共建共享搭建良好的政策平台和制度环境，推动区域内人才共建共享工作制度化、科学化、规范化。

（二）龙凤示范区人才一体化建设的措施

1. 构建统一的区域人才制度体系

构建统一的区域人才制度体系是破解区域人才市场一体化建设的有效举措。人才一体化不同于经济一体化，人才是具有主动性和能动性的“人”。只有在科学、规范的制度框架下，通过制度的约束和引导，才不至于使人才市场一体化建设只停留于认识层面。从当前龙凤人才队伍建设的现状可以看出，高层次人才的严重紧缺已成为最大的制约瓶颈。以技能人才为例，截至2014年底，龙山县技能人才总量35861人，高技能人才总量34人，仅占全县技能人才总量的0.095%。来凤县人才比例情况与龙山相近，但因为来凤县人口只有龙山县的60%，所以高技能人才总量更少。因此，加快龙凤示范区人才一体化建设，两地尤其要在推动人才一体化建设的制度上先行先试，以探索户籍改革为突破口，进行制度创新，并分层、分类、分步骤逐步实施。首先从高层次人才区域内自由流动的制度创新着手，使两地高层次人才在区域内自由流动不受户籍限制，在区域内任何地方都可以享受人才相关待遇，包括教育、医疗、住房、社会保障以及升职升迁等方面的优惠政策。其次，在此基础上，两地再进一步合作探索人才一体化建设的相关政策和制度，逐步构建起统一的区域人才一体化制度体系。

2. 建立统一的区域人才信息共享平台

第一，合作建立龙凤示范区人才信息库。深入开展人才资源调查摸底，分类别、分系统、分层级建立统一开放的人才资源信息数据库，有效整合区域内人才信息资源，实行动态跟踪管理，实现党政人才、专业技术人才、高技能人才、企业经营管理人才、农村实用人才、社会工作人才等六大类人才区内互联互通。两县人社局负责对数据库进行整理归统，并对全区数据进行综合分析和科学研判，根据示范区建设需求实际，拟定有针对性的人才工作政策措施供县委政府决策参考。各类人才队伍建设牵头单位随时掌握区内人才资源年龄、学历、职称结构及行业、地域分布状况，实时发布人才资源状况信息，举办人才交流活动，实现人才引、流、用一体化发展。

第二，建立人才信息共享新机制。在广电线路互通的基础上，积极争取上级广电网络公司的支持，协调两县广电部门、广电网络公司，实现两县广播、电视、网络等大众媒体互联互通，实现资讯共享。搭建区内人才资源共享网络平台，贯通两县人才市场和劳动力市场，建立法则统一、信息互通、功能互补、统一高效的人才市场，联合发布人才供求信息，定期举办龙凤示范区人才交流大会，大力宣传有关人才政策，实现人才市场同频共振。两县共同构建网上人才市场，通过设立统一的专用网络域名，制定统一的职位标准及搜索引擎，实现统一的信息配置功能，整合资源。联合对外招募人才。取消户籍限制，统一人才人事政策，促使区内人才融为一体，无缝对接，智力共享。

3. 建立统一的区域人才培养培训体系

在人才培养方面，龙凤两地可以加强高效联合，实现优势互补，对区域内人才的培养要根据各地用人需要统筹安排，不设户籍限制。

第一，在创新创业人才的培养上，龙凤两地可以加强两县创新创业专家资源联合，互聘互用专家，两县专家取长补短、专长优势互补，形成专家合力，两县人社就业部门定期组织专家共同为龙凤两县广大创业者提供开业指导、事务代理、政策咨询等各种方式的服务。

第二，在高层次人才的培养上，两地可以通过合作共建科研平台以及重大科研项目等形式为高层次人才提供科研环境和经费保障。在人才培训方面，要加强龙凤示范区之间的对接与合作，充分发挥区域城市间的合力。首先，合作共建统一的培训基地，共同聘请国内的知名专家为有需要的用人单位提供定期的专业人才培训服务。其次，合作共建优质的高素质人才、企业技能人才实习实训基地。最后，对党政领导干部和公务员的培训上，两县组织部门、人事部门要加强沟通和协作，制定相应的政策，推动两地领导干部和公务员异地挂职、异地交流等形式，相互学习，共同提高。

4. 建立统一的人才评价体系

在人才的考核上，龙凤两地都制定了各自的人才考核标准和评价体系。一定程度上阻碍了人才流动的积极性。因此，两地人事部门需要积极探索建立统一的人才评价体系，推动人才在区域间合理、有序流动。一是根据国家、省有关文件规定，县级职改部门只有初级职称的评定权限，两县在坚持条件、突出业绩、科学评价、服务人才的原则下，制定统一的评价标准和评价模式，对两县各事业单位、非公有制组织、农村实用人才等专业技术人才初级职称采取委托评审或共同评审的方式进行共同办理。二是资格互认，即凡是通过两县职改部门评定的职称都相互认可，在对中、高级职称互认时无须到上级职改部门进行复审和重新确认，中、高级职称者到对方单位工作享有与当地同类人员的同等待遇。

5. 建立统一的区域人才利益补偿机制

人才流动必然会对人才所在单位或部门造成直接或间接的影响，甚至还会带来较大的经济损失。导致许多用人单位在人才交流上往往保持谨慎态度，有时甚至设置人为障碍。因此，推动龙凤示范区人才一体化建设需要建立相应的利益补偿机制。双方政府要加强交流与合作，共同研究制定统一的区域人才合作交流的利益补偿政策。一是要对积极参与区域间人才合作交流的单位给予支持和鼓励，在人员配置、职称评定、经费保障等方面给予照顾。二是要对交流的人才给予相应的政策倾斜和适当的物质奖励。人才交流期间的年度考核、职称评定等不受影响，从而鼓励区域间人才的合理、有序流动。

（执笔人：刘姝问）

龙凤示范区统筹城乡发展的对策研究

——以龙山县为例

为了实现龙凤示范区“强县城、活集镇、美乡村”的目标，我们要坚持突出“山区特色、民族特色、时代特征”理念，把城市和农村作为一个有机整体，促进城市与农村资源优化配置和转化利用，推动城市与农村之间统筹协调和共同发展。

一、以落实责任为起始点，构建城乡一体化的组织机制

推进城乡一体化任务重、难度大、涉及面广，几乎涉及所有党群部门和政府部门，必须以落实责任为起始点，切实加强领导，要努力形成上下一心、左右协调、齐抓共管的局面。

（一）建立健全统筹城乡发展的领导小组

县委、县政府要成立高规格的统筹城乡发展领导小组，负责指导、协调全县统筹城乡发展工作。领导小组成员由县委、县政府、人大、政协、武装部主要领导及县直各部、办、委、局主要负责人以及各乡镇（街道）党政一把手组成。组长由县委书记担任，常务副组长由县长担任。主要职能是：统一制定并组织实施统筹城乡的经济社会发展规划、城市整体规划、产业发展规划以及市场竞争规则等，并负责监督执行情况；研究解决统筹城乡发展的重大基础设施建设、重大战略资源开发、生态环境保护与建设以及跨区域生产要素的流动等经济社会发展中的重大问题。同时，要

及时构建决策机制或专题议事机制、利益分配协理机制以及政策运作监察机制、实务绩效审核评价机制等。

领导小组下设办公室，承担统筹城乡发展的日常工作。其主要职能是：负责日常联络和组织工作，做好综合协调，研究统筹城乡发展的运作机制，建好“统筹城乡发展论坛”，掌握统筹城乡发展的进展情况，为加快统筹城乡发展提供相关的政策建议，督促领导小组会议决议的落实和执行。

办公室下设一系列专业工作领导小组：以农业部门为主，科技、水产、林业、粮食等部门参与，成立城乡经济产业发展工作领导小组；以建设规划部门为主，成立城乡规划、建设和村庄整治工作领导小组；以发展改革部门为主，水利、交通、国土、供电、通信、广电等部门参与，成立城乡基础设施建设工作领导小组；以人社部门为主，民政、卫生等部门参与，成立城乡社会保障工作领导小组；以宣传部门为主，文化、教育、体育、卫生等部门参与，成立城乡社会事业发展和精神文明建设工作领导小组；以组织部门为主，人武部、共青团、妇联等部门参与，成立城乡基层组织建设工作领导小组。

各乡镇、县直各部门也要成立相应的工作机构，明确责任，配备人员，安排经费，切实把统筹城乡发展工作落到实处。

（二）建立健全城乡一体化的考核机制

统筹城乡发展办公室要广泛征求意见，科学制定统筹城乡发展的考核制度，将政府相关部门涉农年度目标纳入政府目标管理体系，领导小组与乡镇（街道）、政府各部门要层层签订工作责任状，经考核后奖惩兑现。切实推行“一线工作法”（即干部在一线工作、决策在一线落实、问题在一线解决、成效在一线体现）和实施“四个倒逼”（即目标倒逼进度、时间倒逼程序、社会倒逼部门、督查倒逼落实）。真正把求真务实体现在每一个人的实际行动中和每一项具体工作上。

二、以城市化建设为着力点，优化城乡一体化的功能载体

城市（镇）是农村经济政治文化中心，城镇设置的科学、合理与否，直接关系到农村经济社会的持续快速健康发展。因此，一定要坚持高起点规划、高水平建设、高规格管理，让城市（镇）充分发挥辐射带动作用，真正成为统筹城乡发展的功能载体。

（一）坚持高起点规划，以规划扬特色

无规矩不成方圆，规划是建设的先导。规划决定城市品位和档次，引领城市发展与未来。以前的规划基本是按城市的和农村的两个部分进行编制，城市和农村割裂，标准不一，很难满足指导城乡一体化发展的要求。统筹城乡一体化发展必须要有超前的总体规划、重大专项规划和控制性详细规划。随着铁路、高速和绕城线建设全面拉开帷幕，将带动新一轮城区大开发、片区大建设、工程大推进，新的城市定位已经超越原有规划，我们要立足新的起点，认真调研城镇人文资源、自然资源、区位资源优势，精心编制好城乡一体化总体规划、县城总体规划、城镇体系规划、产业布局规划、基础设施规划和生态建设规划等，把这一思路具体化。要按照以城带乡、城乡一体的规划思路，形成县城与古城—区域城镇—乡镇—村庄“四位一体”的框架。围绕构建武陵山区中等规模地级市、边贸城市、旅游城市、国家生态城市、卫生城市、园林城市等高标准、高水平出发，规划设计城市的建设布局。扩大城市规模、提升城市品位，彰显特色。目前要尽快完成县城和古城控制性规划，果利河沿岸景观风貌修建性详细规划。努力形成“两大中心城区、三条城镇带、四个重点板块”互动发展新格局。

（二）坚持高水平建设，以建设创精品

城市（镇）建设发展的起点低、水平不高是近些年城建工作的一大通病。着眼城市（镇）建设的长远发展，务必要规划、建设、管理并重，着力提高城市（镇）档次，完善城市（镇）功能，改善城市（镇）人居环境，树立良好的城市（镇）形象，增强城市（镇）吸引力。要维护规划的

严肃性、权威性，树立精品意识，做到规划一张图、审批一支笔、建设一盘棋，严把施工资质关、材料质量关、竣工验收关，确保建设高标准高质量。

（三）坚持高规格管理，以管理树形象

完善城镇管理体制，健全规章制度，加快社区建设，整治脏乱差现象，切实做到管理法制化、服务社会化、环境优美化。坚持高标准、严要求，下大决心加强城镇的市政管理。以城市的规格来加强城镇的市政管理，着力建立管理工作的长效机制。坚持管理出效益、管理出形象，坚决克服城镇“脏乱差”的顽症。一方面要加强市政管理工作宣传，增强群众法制意识、环卫意识，自觉转变观念，改正不良的环境卫生习惯，服从城镇环境卫生管理。另一方面要加强市政管理工作执法，在配齐、配强市政监察队伍，建立、健全市政监察制度，建设、完善市政基础设施的基础上，狠抓市政工作执法。对城市“牛皮癣”等顽症必须坚持严厉依法打击。

（四）坚持市场化运作，以经营养城镇

树立经营理念，把城镇可盘活存量资产推向市场，实行资本营运，走“以城建城、以城养城”的滚动发展之路。一要努力挖掘城镇资源潜力。乡镇建制撤销的社区、街道要纳入城建重点，将其作为城镇辐射农村经济社会的支撑点，大力支持其建设发展，逐步完善基础设施，严格进行管理，努力培植商业经济或农业工业经济，发挥其积极作用。二要结合城镇发展定位，加强城镇招商引资、融资力度，在加强资金运筹、相应完善偿债机制的基础上，认真构建城镇投融资平台，积极吸引民间资本、金融资金投入城镇建设。三要坚持集约利用、市场运作土地资源，力争实现土地资源的保值、增值，更好地投入城镇基础设施建设。四要推行国有固定资产变现。经建制调整闲置的办公楼、场、所，要面向社会公开招标出让、租赁，尽量盘活存量资产，充分发挥其经济价值。五要结合中心镇、中心村建设，对远离中心镇、中心村的农民实行迁移，积极稳妥地撤除微型自然村、撤并行政村，让它们融入中心镇、中心村，共享现代文明。

三、以改革创新为切入点，营造城乡一体化的政策环境

统筹城乡发展的过程是农民向城镇转移的过程。农民进城与否，归根到底是一种利益选择，无利可图或者得不偿失，农民必然不会进城。因此，要完善有关政策，为农民进城营造良好环境。建立“以城带乡、以工补农”的机制，创新体制机制，破除城乡分割的体制性障碍。

（一）深化户籍管理制度改革，实现城乡居民同一身份

目前的户籍管理，就像一面高墙，把城乡分得很清，农民进了城，为城市服务了许多年，但身份还是农民，包括他们在城里出生的子女，也还是农民身份，入托、上学都是另类待遇。2010 年中央 1 号文件指出：“深化户籍制度改革，加快落实放宽中小城市、小城镇特别是县城和中心镇落户条件的政策，促进符合条件的农业转移人口在城镇落户并享有与当地城镇居民同等的权益”。要本着“降低门槛、放宽政策、简化手续”的原则，深化户籍管理制度改革。通过推进一元化管理、引导集中式居住、完善关联性政策等措施，把附加在户籍上不合理的福利性成分剥离出去。逐步解决依附在二元户籍制度上的城乡差别和政策限制，最终让农民享受与城市居民平等的国民待遇。

（二）深化土地管理制度改革，实现土地增值和资源共享

继续稳定农民土地承包关系，建立健全有利于进一步推动宅基地市场化和承包地转让的土地新政策，改革农村土地征用制度。通过引导土地有序流转、加强土地综合整治、促进土地集约利用等措施，把现行的强制性政府征用土地行为改变为交易性的市场公平购买行为，让农民真正分享到土地增值的效益。

（三）深化社会保障制度改革，实现城乡居民同一“国民待遇”

加快发展教育、文化、卫生等与城镇居民生活密切相关的社会事业，按照统一制度、统一标准、统一管理的原则，逐步建立“广覆盖、保基本、多层次、可持续”的社会保障体系。坚持城乡一体化的政策导向，贯

彻分阶段、逐步完善地区差异的原则，加大政府对农村社会保障的投入力度，建立多层次农村社会保障体系。通过完善养老保障制度、完善医疗保障制度、健全城乡低保制度、完善城乡社会救济救助制度等措施，逐步缩小城乡社会保障水平的差距，最终建立城乡一体化的社会保障体系。

（四）深化公共财政制度改革，实现财政投入“统筹城乡、向乡倾斜”的稳定增长

强化财政预算约束，确保中央提出的财政资金用于新农村建设的“三个高于”落到实处，建立健全支持“三农”投入稳定增长的保障机制，扩大公共财政覆盖农村的范围，加大财政转移支付力度，增加对农业、农村基础设施投入。形成财政投入“统筹城乡、向乡倾斜”的稳定增长保障机制。通过明确各级政府的职责、建立投入保障机制，集中财力优先安排农民最急需、受益面广、公共性强的农村公共品和服务，调动农村社区组织和农民参与农村基础设施建设的积极性和主动性等措施，鼓励农民兴修水利、修建道路、实施中低产田改造工程。把握好有关政策界限，严格控制标准，防止因出现乱收费、乱摊派现象而重新加重农民负担。

（五）深化投融资体制改革，实现城乡建设投入主体多元化

要突破城乡一体化发展的“瓶颈”，就必须创新机制，建立多元化、多形式、多渠道的投融资体制。通过加强引导、政府筹资，产权拍卖、社会聚资，扩大开放、招商引资，申报项目、银行贷资，盘活存量、以地生资等措施，打造城乡一体化发展的项目融资平台、土地融资平台和招商融资平台，拓宽城乡一体化发展的投资领域。

（六）建立激励制度，鼓励全民创业，实现城乡就业互动

要建立激励机制，激发全民的创业热情。只有充分调动群众的积极性创造性，充分释放每一个城市市场主体的潜能，让全社会创造活力竞相迸发，才能真正解决城市化的就业和发展问题。要大力培育创业文化，引导树立敢创、敢闯的创业信念和信心，鼓励敢于冒险、勇于开拓、艰苦创业的精神。要最大限度放宽市场准入，让全民创业有更大的创业空间，最大

限度地加大对全民创业型经济的财税金融支持。从战略高度认识经济发展的转型，推动从政府主导型经济向全民创业型经济转变。通过支持城镇居民到农村去创业、鼓励山区农民进城去创业、建立城乡统一的就业制度、大力实施“三大就业工程”等措施，为创业者提供“一条龙”的优质服务。

四、以产业建设为对接点，形成城乡一体化的互动合作

龙山作为一个农业大县、工业弱县，必须切实加强产业建设，以方式转变提升经济效益与质量。当前要进一步完善城乡经济体系，实行工业反哺农业，城市支持农村，以工业积累反哺农业，以工业理念经营农业。大力调整城乡产业结构，促进城乡优势互补，通过优化一产，提升二产，突破三产，务求在工业和农业产业互动合作上取得突破。

（一）大力推进城乡产业结构调整

首先，在产业布局上，要加快规划建设黔张常铁路、吉恩高速公路、209 国道沿线三大产业带，按照城乡经济融合和三次产业联动发展的要求，大力发展先进制造业、现代商贸业和高效生态农业，优化城乡产业布局。其次，在产业分工上，两大中心城区（县城、里耶）要重点发展金融、贸易、信息、服务、文化和教育等第三产业；三条城镇带（铁路、高速、里龙路）和四个重点板块（茨岩、召市、洗车、红岩四个城镇）要着力增强生产性功能，充当中心城市向农村扩散经济技术能量的中介和农村向城市集聚各种要素的节点；农村以规模化、联片种植的农业生产支撑大中小城市对资源和要素的需求，获取农业经营的规模效益。再次，在农业结构调整上，大力推进农业开发走产业化、特色化、规模化、与生态保障及休闲旅游相结合的发展道路；以提高农业市场竞争力为核心，加快建立农户专业化生产与农业产业化经营有机结合的农业经营新体制，带动农产品加工营销业、特色种养业、种子种苗业的发展。

（二）切实推进新型工业化

大力推进“两区”建设，打造经济核心增长极。两区，就是工业集中

区和物流园区。北区以华塘新区、白羊为核心，以物流园和农产品加工中心为支撑，南区以里耶、岩冲为核心，以旅游和矿产品加工中心为支撑，用5年时间把能源、冶金、陶瓷、建材四大产业作为优先发展的战略产业。切实加强土地、电力、资金等生产要素的协调服务工作，积极帮助企业达产增效，努力促进龙头企业做大做强。同时抓大不放小，积极支持各类企业发展。要加快工业园区建设，以恒兴投资开发公司为平台，逐步推进园区建设市场化运作。注重引进工业大项目，引进战略投资者。积极支持企业进行自主创新，加大技改投入，加强科技联姻，不断提升企业市场核心竞争力。

（三）稳步推进农业产业化

巩固粮食生产，确保粮食安全。巩固发展烤烟产业，提升柑橘产业，提高烟农、橘农收入。积极创新农业组织形式和经营形式，稳妥推进农村土地依法流转，巩固建立各种产业、专业协会和专业合作社，发展各类专业大户，不断完善农技推广体系，切实巩固三大系列、八大优势农产品基地建设，坚持用工业化理念推进农业产业化，支持现代中药、馥生食品、天缘食品、利福尔公司等农产品加工龙头企业健康发展。

（四）积极推进新兴产业

要把旅游业作为龙山未来发展的最大门路来抓，特别是要做好龙山交通大畅通、龙山大开放到来之前旅游业的认识、规划、建设等基础准备工作。要坚持超前谋划，高起点规划景区景点，大力度开发旅游产品，全方位提升旅游接待水平。要坚持龙头带动，始终突出里耶古城这一龙头；坚持基础先行，积极推进景区景点高标准建设；坚持资源整合，积极融入神秘湘西游。当前，在加强景区景点建设的同时，要努力争取里耶—乌龙山风景名胜区年内进入国家自然与文化双遗名录。切实加强对房地产市场的监管，努力促进房地产市场健康稳定发展。立足龙山县产业基础、比较优势以及未来前景，重点发展节能环保、生物制药、边区贸易、文化创意等战略性新兴产业。强化城乡产业之间的协作和联系，通过企业搬迁和项目开发，促进城市工业尤其是劳动密集型产业向农村转移。鼓励城市资金、人才等生产要素进入农村，发挥城市企业在市场、品牌、技术、管理等方面的优势，推进农村工业向城镇集聚、向园区集中。加快城市服务业向农村延伸，大力发展农村商贸、旅游、金融、科技服务等产业，积极培育劳务经济。

（五）巩固壮大两极经济

两极经济，就是镇村经济和县域经济。镇村经济要坚持以“三化”（工业化、城市化、市场化）化“三农”（农业、农村、农民）、“三化”带“三农”、“三化”服务“三农”的思路，加快统筹城乡发展进程，努力创建“民富裕、村镇强、更整洁”的新农村示范县；县域经济要加快城乡规划、产业发展、基础设施、生态建设、就业和社会保障、社会事业、政策措施等一体化进程，着力打造省级城乡统筹示范县。目前，特别是要巩固壮大四大亿元产业，即巩固壮大烟叶6万—8万亩、百合5万亩、三薯20万亩、椪柑14万亩等近50万亩基地的四大支柱产业。按照调高调优调强的基本取向，做大做强烟草公司、金山实业和现代中药等企业，逐步实现产供销一条龙、种养加工一体化，把抓增量、扩总量与调结构、上水平紧密结合起来。积极发展一批现代高效农业，开展“农业产业化5强乡镇、10强龙头企业、50强村特色产业基地、100名规模经营大户”创建活动。以构建名特优农副产品直销网络为重点，加快形成“县有直销市场、省内外大型超市设直销窗口（柜台）”的农产品销售体系。

五、以项目建设为支撑点，拉动城乡一体化的经济增长

加快经济增长，关键在投资，核心在项目。龙山作为老、少、穷地区，地大物博，人力资源丰富，各级党委政府要围绕“争政策、争项目、争资金”做好文章、做大文章。切实以项目建设为支撑点，以扩大投资拉动城乡一体化经济增长。

（一）抢抓机遇，积极上争项目

要积极抢抓国家扩大内需的重要机遇，认真研究国家、省、州已经出台和即将出台的政策措施，找准方向，明确路子，大力争取一批新项目。

重点围绕产业结构调整、经济发展方式转变、城镇化、民生需求、“十三五”规划、新一轮西部大开发、扶贫开发、美丽乡村建设等争取项目。切实做好长沙市对口扶持龙山工作。

（二）硬化制度，搞好项目管理

继续实行“一个项目、一名领导、一套班子、一抓到底”的项目工作机制。加强进度管理，按月定目标，按季抓考评，月月检查，季季通报。加强协调管理，对项目工作不重视、不配合的单位及个人，对破坏项目建设环境的违法违规行为，要一查到底，严格追究，绝不姑息。加强质量管理，认真抓好“项目法人制、招标投标制、工程监理制、合同管理制”四项制度的落实，确保项目建设资金发挥最大效益，严防“半拉子”工程、豆腐渣工程和不切实际的政绩工程出现，切忌“建设搞起来了，干部倒下去了”的现象发生。

（三）实化措施，促进项目整合

坚持“三个一”的措施，在项目整合上下功夫。一是严格实行计划“一张表”。按照“整合资金资源、统筹城乡发展”的要求，建设规划必须坚持一张图，项目计划必须坚持一张表。二是严格实行建设“一盘棋”。按照“统一规划、片区开发、分项实施、各记其功”的原则，在项目实施时，所有的项目一张表下发到乡镇或项目建设单位具体实施。三是严格实行结算“一卡通”。按国库集中支付制度要求，凡是直接发放到人的资金，要严格按照“政策公开、程序透明、支付到人、打卡发放”的阳光操作办法发放到人，并接受群众监督。

（四）优化环境，加强项目招商

要加大项目招商力度，抓好项目前期包装，增强项目招商的吸引力。要积极引进战略投资者，实现优势项目与优势资本的有效对接，提高龙凤示范区的经济实力。

六、以国家、省、州试点工作为整合点，推进城乡一体化的民生改善

截至2014年底，龙山已争取到3项国家级工作试点（2项项目试点、

1 项政策试点）、7 项全省工作试点：新型农村养老保险、农村危房改造和中小河流治理被确定为国家试点县；乡村财政财务精细化管理、农村金融产品和服务方式创新、农村低保和扶贫开发“两项制度”有效衔接、新农合医疗门诊统筹、基本药物制度、城乡居民健康档案、实施地氟病项目被确定为全省试点县。

发展机遇已经垂青龙山，国家、省、州经济政策措施特别有利于龙山建设社会主义新农村和推进城乡一体化。国家实施西部大开发战略。省委提出“在更高起点上深入实施‘一化三基’战略；财政增加对‘三农’、中小企业、欠发达地区支持力度；注重发展壮大省际边界地区中心城市；着力抓好县城和中心镇扩容提质；加大对湘西地区大开发的支持和推进力度；积极扶持革命老区、民族地区、边界地区、贫困地区加快发展；加大扶贫开发力度”等，这对龙山县经济社会发展有重大的意义，有很强的指导性。州委明确了“加快龙永等骨干公路建设步伐，开工黔张常铁路、吉恩高速，加速干线公路改造，抓好通达、通畅工程建设；认真做好吉恩铁路等项目工作；加快理顺电力管理体制，大规模推进城乡电网改造；加快 8 县市工业园区建设”等。这为我们推进城乡一体化的民生改善开启了快车道。我们一定要抓住机遇，将各项试点县工作贯穿于统筹城乡发展之中。

（执笔人：车丕湘）

龙凤示范区建设投融资面临的主要问题与对策建议

武陵山龙山来凤经济协作示范区（以下简称龙凤示范区）位于湘、鄂、渝三省市交界之地，包括湖南省的龙山县和湖北省的来凤县，是国务院2011年批复《武陵山片区区域发展与扶贫攻坚规划（2011—2020年）》明确设立的，是我国省际边界区域最大、人口最多的少数民族聚集区之一。在龙凤示范区10年的建设周期内，确保大规模、可持续的资金注入是推动湘鄂“龙凤融城”的重要举措，对于如何化解龙凤示范区资本强约束，笔者建议湖南、湖北两省协力探索打造“龙凤融城”投融资样本，发力破解龙凤示范区建设资金难题。

一、龙凤示范区建设投融资面临的主要问题

（一）管理体制不顺，宏观调控不够

一是领导机构有待加强。龙凤示范区地跨湖南、湖北两省，分属于龙山、来凤两县行政管辖，虽建立了协作共建机制，但对其管理建设仍存在各自为政的现象。

二是调控能力有待提升。龙凤示范区建设分散在发改、建设、国土、交通等不同职能部门，没有一个超越部门的组织对其建设进行统一指挥。

三是合作意识有待提高。龙山、来凤两县都存在从自身利益上考虑问题和争取项目的现象，对项目投资都是分头建设、融资和管理，造成了示

范区部分资源分散和浪费。

（二）投资主体单一，市场化程度低

一是金融机构种类不丰富。龙凤示范区金融机构主要有农村合作信用社、国有股份制银行等银行机构，证券公司、信托投资公司、投资基金管理公司、财务公司等非银行金融机构很少，甚至是一片空白。

二是新型金融机构未培育。龙凤示范区虽有湘西长行村镇银行、恩施州村镇银行，但都是引进的，对村镇银行、小额贷款公司、小额担保公司等新型金融机构缺乏自身的培育。

三是引进的规模企业不多。龙凤示范区虽有步步高等少数规模企业入驻，但由于受地区、交通等因素的局限，加之一些优惠政策和优质服务没有到位，让一些规模企业望而却步。

（三）筹资渠道不畅，资金缺口太大

一是财政融资能力有限。龙凤示范区进行财政融资主要来源于龙山、来凤两县政府财政预算内支出，2014 年完成财政总收入 11.82 亿元，而固定资产投资达 110.68 亿元，财政总收入仅占固定资产投资的 10.68%，这充分表明靠财政投融资远远不能满足示范区建设资金需求。

二是银行信贷有难度。龙凤示范区银行贷款的准入门槛比较高，2014 年末金融机构各项存款余额 166.66 亿元，各项贷款余额 73.60 亿元，存贷比 44.16%。这充分表明龙凤示范区资金存量没有得到有效盘活，加之部分企业信用度较低，会给银行信贷带来一定的风险，致使银行信贷积极性不高。

三是市场融资发挥不够。龙凤示范区民间资本引入不够，BOT、PPP 等项目融资模式的使用率低，加之本区企业大多是中小微企业，很难满足在创业板、中小企业板、沪深主板等资本市场上进行直接融资的条件。

（四）设施建设缓慢，项目落地率低

一是拆迁进度有待加快。龙凤示范区一些区域土地拆迁难度大，造成部分基础设施不能按时完工甚至无法开工，严重影响整体规划的实施。

二是主动性和积极性不高。龙凤示范区对项目招商主要靠下指标、定任务和抓考核等行政手段推进，造成个别单位和个人不是在项目引进上下功夫，而是在完成任务上找窍门，存在重数量轻质量等现象。

三是后续服务没有跟上。龙凤示范区个别职能部门的主体作用尚未充分发挥，做事墨守成规，办事效率和服务意识等软环境没有得到有效提升，存在重招商轻安商、重签约轻服务等现象。

二、破解龙凤示范区建设投融资问题的对策建议

（一）树立市场理念，强化投融资改革动力

一是加强合作开放，吸纳多方参与。要在建设资金筹集和投资问题上树立合作开放理念，通过双方共同努力，搭建龙山—来凤合作平台，积极推动本区域内金融机构建立合作关系，并通过发挥各自优势来提升竞争整体合力，加强对外来资金的吸纳力，实现合作 $1+1>2$ 的效果；要强化对本区域外投融资主体的开放，这既包括武陵山片区内的各地市（如吉首、恩施、怀化、黔江、铜仁等）的投融资主体，也包括武陵山片区所属的各省市（如湖南、湖北、重庆、贵州等）的投融资主体；同时，也不排除面向其他发达省市或地区的投融资主体开放，共同打造一个面向武陵山片区乃至全国市场的发展平台。

二是善于经营城市，增强融资功能。要在缩短与发达地区投融资差距问题上树立经营城市理念，对示范区资产进行市场化运作和利用，在盘活有形资产的同时，重视无形资产的利用，如主要街道的广告权、公交线路经营权等，为示范区建设筹集一笔资金；要将示范区建设与市场经济接轨，打破行政性垄断，引入市场机制，充分发挥市场对示范区资源优化配置的作用，做到以经营的远见规划示范区，以经营的手段建设示范区，以经营的方式管理示范区；尤其重要的是，龙山、来凤两县要不断完善政策体系，强化对示范区的宏观调控，使之形成“政府引导、社会参与、市场运作”的良好格局。

三是敢于负债发展，破解资金难题。要在促进经济发展和投入不足的

重大问题上树立负债发展理念，善于用明天的钱办今天的事，实行安全合理负债，尽早把利在当前、关系长远的民生工程等建设搞好；要进一步开动脑筋，提高超前投入意识，探索一条以投入求发展、以发展促富强的路子，用超常规思路成就超常规发展，做到会负债、早负债、大负债，只有这样，示范区才会大发展，实现观念由“筹多少钱办多少事”到“办多少事筹多少钱”的转变，争做项目融资的能手、资本运作的高手，破解示范区建设资金瓶颈。

（二）培育投资主体，提升投融资造血功能

一是整合国有资本，做强投融资平台。要立足实际，统筹发展，在归集国有资本的过程中，坚持与经济发展优势、产业布局和项目建设任务相结合，进而完成对示范区优质资源和企业资产的整合；要组建投资（控股）集团有限公司，决策层人员可由龙山、来凤两县政府领导班子成员兼任，不领薪酬，经营层管理人员则可通过市场选聘，推行任期责任制，并把已整合的国资注入该公司，通过先收储再转换、先划拨再变性等方式，使整合的国资从“空心化”到“实体化”；要织牢国有资本运作监控网络，主动参与国有资本运作，加速国资拼盘形成集聚效应，在示范区建设中建立起可持续发展的资金供给方式，培育支柱财源，真正实现投融资大平台集中运营。

二是引入外来资本，丰富投融资机构。要把“巢”筑好，吸引越来越多的“凤”来投资，鼓励政策性银行、股份制银行等大中型银行机构向示范区延伸网点和业务，把金融服务做深；要借助资源优势、独特区位和发展契机，引进知名的保险、风投、私募、贷款、担保等投融资机构在示范区设立分支机构或办事处；要推行会员制担保，由政府财政拨款作为启动资金组建会员制担保机构，并设立政策性再担保机构，通过市场化运作与担保机构建立相互制约、相互促进、受益共享和风险共担再担保关系，为担保企业增信，吸引外来资本。

三是盘活民间资本，再添投融资新力。要打破银行垄断，放宽民间投资的市场准入，盘活更多的民间资本参与到示范区建设的潮流中来，可以鼓励民间资本发起、参股新型金融组织和地方金融机构，发展小额贷款公司和融资担保公司等准金融机构，兴办村镇银行、社区银行等新型银行机构；在现有民营股权结构不变的前提下，可把经营规范、发展良好的小额贷款公司直接转制为村镇银行；要在示范区设立专业化的“民间投资服务中心”，为民资与项目对接提供媒介，以及专家咨询、投资培训、中介业务、融资信息等服务，并不断发展和完善“草根金融”，畅通民间资本进入渠道，服务实体经济。

（三）拓宽融资渠道，壮大投融资输血平台

一是利用国家战略，寻求政策扶持。要在建设过程中充分体现其国家战略的定位，立足武陵山片区，辐射湖南、湖北、贵州、重庆等省市，准确把握好国家支持武陵山片区的投融资政策导向，积极争取中央和省市（州）政府的资金支持和政策扶持；要争取有利于投融资的财政金融政策，加大对重点行业、企业的财政扶持力度，对重点企业改革过程中的职工安置、土地使用等方面给予适当的财政补贴；要对参与示范区建设程度较高的金融机构在存款准备金、再贴现、再贷款等方面给予倾斜，在新金融业务开办等方面给予优先考虑，对于示范区小型、微型金融机构，可以在风险可控的条件下，适当降低存款准备金率，放宽在资本金、不良资产、存贷比等方面的限制，促使更多金融机构将资源投向示范区建设。

二是依托项目建设，活用融资模式。要以项目建设为中心，从交通基础设施、重大产业、工业园区等重大项目入手，着力推动示范区建设，充分发挥项目建设的辐射带动效应；要按照“市场运作、规模开发”的思路，推行项目投融资，对新建的项目，可以采用 BOT（建设—经营—转让）融资方式筹集资金，对已建成的项目，可以采用 TOT（转让—运营—移交）融资方式筹集资金，对已建成并正常运行的项目可以采用租赁承包融资方式筹集资金，进一步形成 PPP（公私合作关系）资助模式，扩大资金来源，确保项目实施；要积极探索 ABS 融资方式，使各类基础设施存量资产盘活变现。

三是借助金融市场，扩大直接融资。要活用金融市场，不仅要在货币市场上融资，还要在资本市场上融资，积极争取政策，探索发行市政债，鼓励具备条件的投融资平台、大中型企业发行城投债、产业债和票据，并创造条件发行特定的收益债券，让这种债券与特定项目收益挂钩，扩大经营性建设项目直接融资规模；要结合示范区中小企业的实际，创建以扶持初创企业为目标的创业投资基金和以扶持拟上市企业为目标的私募股权投资基金，并根据市场需求及重点产业发展产业投资、科技创新投资等基金；要推动示范区企业上市融资，加强示范区上市后备企业的分类指导，对具备条件的企业力推在沪深主板、中小企业板、创业板等资本市场上融资，强化对示范区中小企业的培育，推动其在新三板、股权交易所、上海Q板等交易市场挂牌融资，扩大直接融资规模，进而实现示范区企业资本全球化。

（四）优化软硬环境，增强投融资项目实效

一是转变政府职能，激发活力。要科学界定与市场的作用范围，从生产领域中退出，市场能做的就让市场去做，减少政府参与营利性投资项目，让利于民，实现政府投融资职能向社会服务职能的转变；要深化行政审批制度改革，理清行政许可和非行政许可审批项目，该取消的坚决取消，对私人投融资项目，政府主要审查其对环境的影响程度，对政府投融资项目，政府不仅要审查其对环境的影响，还要对资金来源、构成、总额和经济效益进行全面审查，两类投融资项目都要做到简化程序，强调环境，提高效率，缩短审批周期；要改变对官员政绩考核的“唯GDP论”，集中财力和精力，对解决就学、就业、就医、社会保障、社会治安、安全生产、生态保护等人民群众最关心的问题要及时补位。

二是完善激励机制，增添动力。要本着风险共担、利益共享的原则，提供政府投资赞助、政府担保等多种激励措施，对投资建设示范区的企业给予土地捆绑开发、减免税收、政府贴息等正面激励措施，对不满足合同需要或明显损害公共利益的要实施以惩罚为主要形式的负面激励，促使企业充分考虑公众利益；要设立企业上市激励和服务专项资金，奖励在沪深主板、中小企业板、创业板、新三板等金融市场成功上市的企业及企业负责人，调动示范区企业上市积极性；要在“效率优先、兼顾公平”的前提下，制定投融资人才个人收入与绩效、贡献相挂钩的收入分配制度和激励政策，为资本人才营造一个更有效的薪酬激励环境，并进一步落实激励措施，提升金融机构信贷积极性，有效服务示范区经济社会发展。

三是加强风险管控，减缓压力。要理顺投融资监管机构，建议成立由龙山、来凤两县政府领导牵头，相关职能部门和平台主要负责人参与的跨省级投融资监管机构，形成决策层、执行层和监督层的科学构架；要强化投融资的资金管理，年初编制预算，明确资金来源、投资规模及还款期限等，在项目推进过程中，要跟踪评估项目的实施情况，以便对项目资金不足或亏损进行资金补充，年终编制决算，确保预算调整严格按程序进行；要健全投融资内控制度，健全财务审计制度，严格审核项目合同和用款，对项目进行过程中审计和事后审计，合理控制用款进度，减少资金沉淀，并定期考核资金回收周期和使用效率，控制债务风险。

（执笔人：郑　平　朱明鑫）

对龙凤示范区大环境下招商引资工作的思考

近年来，在县委、县政府的正确领导下，全县上下坚持把招商引资作为发展县域经济的突破口，加强组织领导，强化工作措施，出新招，求实效，招商引资工作不断实现新突破，为推动县域经济发展发挥了重大作用。但随着国务院批复《武陵山片区区域发展与扶贫攻坚规划（2011—2020年）》，确定设立龙山来凤经济协作示范区（以下简称龙凤示范区），招商引资工作也面临着的新的机遇和挑战。如何在龙凤示范区大环境下更加有效地做好招商引资工作是摆在全县各级、各部门面前的一个重要课题。

一、当前龙山招商引资工作面临的新形势

当前，我县招商引资工作正面临着新的形势，机遇与挑战并存，困难与希望同在。从困难因素看，受金融危机的影响，世界经济逐渐复苏，国内经济运行稳中向好，经济运行仍存在下行压力，消费需求增长动力偏弱，企业投资信心下降，投资意愿不强，致使引进资金、技术受到限制和影响；国家实行严格的产业和土地政策，提高了外资进入的门槛；各地招商引资力度不断加大，区域、县域之间争夺资金、项目竞争日渐激烈。这些都是招商引资工作面临的现实困难，但我们也要在困难中看到希望。

一方面，要清醒认识宏观形势带来的大好机遇。

第一，历史上，每一次经济危机都是产业布局重新洗牌的时候，也是发展成本最低的时候。当前，国内外发达地区一些产业加速转移，一些企业正在寻求更好的发展空间，这对于我们后发地区而言，正是招商引资、推进项目的大好时机。越是在这个时候，越是能招引到抗风险能力强、市场占有率高的大项目、好项目。只要我们认真分析，科学把握，就能在新一轮产业重新布局中争取到更多产业和份额。

第二，当前处于外需紧缩、内需扩张、政策趋活的有利时期，国家实施积极的财政政策和适度宽松的货币政策，出台了一系列保增长、扩内需、调结构的重要措施，有利于我们争资金、上项目、招客商，形成新的招商热点。

第三，经过近年来的实践，我们已初步探索了一套有效的招商办法，营造了良好的投资环境，结交了一批客商和朋友，为招商引资奠定了基础，如今正是招商引资的“春天”。

另一方面，要客观分析我县抢抓机遇的主要优势。从县情实际看，我们具备良好的招商引资的优势和条件。

一是有特别的政策优势。我县作为国家扶贫开发重点扶持县和全省革命老区县，正面临着国家深入实施西部大开发、国家实施武陵山片区区域发展与扶贫攻坚、龙凤经济协作示范区上升为国家战略、中部崛起战略，湖南省继续把湘西作为扶贫攻坚的主战场等历史机遇，国家、省、州在财政、税收、投资、金融、产业、土地、帮扶等方面陆续出台优惠政策，叠加的优惠政策使我们争取政策、资金、项目的空间将会更大。

二是有自己的资源优势。首先，我县有丰富的农业资源，全县烤烟、百合、柑橘、蔬菜、中药材等优势农产品基地常年稳定在50万亩以上，其中烤烟7.5万亩、百合8万亩（种植规模全国第一）、蔬菜10万亩（为全国200个蔬菜重点县之一），特色农业极具竞争实力。其次，我县有种类繁多的矿产资源，煤炭、石英砂、紫砂陶、铅锌、页岩气等储量巨大，极具市场价值。最后，我县有里耶秦简、茨岩塘红色革命旧址、八面山空中草原、洛塔云中石林、捞车河特色民居等旅游资源，极具开发潜力。

三是有独特的区位优势。我县地处湖南省西北边陲，位于张家界、吉首和湖北恩施、重庆黔江四个市州区的几何中心，具有独特的区位特点，将成为长株潭、武汉、重庆等经济区的交叉辐射区，成为东部沿海地区产业梯度转移的重点承接区。

四是有良好的人缘优势。龙山人杰地灵，人才辈出。在外务工人员有11万余人，很多乡亲人脉广，号召力强，热心家乡发展，这是不可多得的宝贵资源。通过广大乡亲和各地商会，能邀请更多的客商来我县投资创业。同时，经过近几年的努力，我县积累了丰富的招商引资经验，培育了一批招商专业人才，与各地客商建立了良好的投资合作关系。这为我县扩大招商引资奠定了良好的基础。

二、影响龙山招商引资工作的制约因素

（一）招商引资思想解放不够

招商引资喊起来重要，做起来困难。一些部门和乡镇还没有真正把招商引资工作作为推动经济发展的关键环节来抓，没有把主要精力投放到招商引资上，仅仅停留在一般口号上，措施不实，力度不大。有些干部，干工作怕负责任，上项目怕担风险，干事业缩手缩脚，缺乏敢想敢干的胆量和气魄，缺乏知难而进、勇挑重担的责任感和创业豪情。有些干部面对加强宏观调控，特别是地根紧缩的新形势，存在畏难情绪，在土地利用方面缺乏灵活多样、行之有效的应对之策和破解之法，影响了招商引资工作的成效。

（二）投资环境有待进一步优化

近些年，我县的招商引资总量少，规模小、层次低，拉动性大、科技含量高的的大项目较为缺乏，对产业带动作用微弱，没有在工业、农业等领域形成产业链，招商引资质量有待进一步提高。在软环境建设上，这些年来，我县出台了一系列方便外来投资的政策和措施，但法定性政策不

足，未能形成有效的依法调整、规范投资活动的法制环境，就是现行的一些政策、措施，执行起来往往也不到位。部门与部门之间一定程度上还存在互相推诿、各自为政的现象，缺少互相信任与有机协调。与周边市、县（区）相比，我县的招商引资环境还存在一定差距。

（三）尚无系统化的招商引资政策、规划、措施及科学的评价考核标准

在过往的招商引资过程中，对全县形象的宣传、产业优势的推介、项目的包装及信息的收集、整理、发布等没有明确的程序和方法。审批、收费的透明度不高，使得在组织招商引资工作时对县情把握不准，对外来投资者说不清——究竟上级的规定是啥，外地情况怎样，我们的优势在哪里，造成糊涂招商。

（四）招商信息来源渠道单一，共享不够

现有的招商渠道大都是企业、客户、朋友、亲戚或外商找上门来的，我们自己还没有建立起有效的信息来源。招商无门，如何找到客商，客商在哪里，是招商引资最为困惑的问题之一。一是不知道要招什么。由于多种原因，还有相当数量的干部包括一些中层以上领导干部，对我县的基本县情特别是发展方向、优势劣势及招商引资方面的政策措施并不是十分清楚，不知道到底要招什么、能招什么，因而始终走不出大门、打不开局面。二是不知道要到哪里招。干部大都长期蹲机关，不会抓经济，不会闯市场，在外边的关系少、门路窄，所以现在一提招商就挠头，不知项目何处有，不知哪里有商招。三是不知道怎么招。最普遍的困惑是不知道如何去获得、筛选信息；不知道如何去接触、贴近外商；外商请来了之后又不知道如何为他们提供服务。在项目谈判、协调、签约、落户等环节不能很好地把握，有的甚至可望到手的商机，也会因为某个细节上的问题而与我们失之交臂！

（五）缺乏高素质的专业招商队伍

招商引资涉及面广，专业性强，招商人员不仅要清楚县情、本地产业导向、特点、行业规划、优惠政策等，还要针对不同行业研究客商心理，

分析客商心理，分析客商需求，收集相关资料，及时提供信息，且能熟练运用谈判策略、技巧。而目前我们恰恰缺乏这样一个招商群体。

三、招商引资工作的对策与思考

（一）强化思想解放，促进招商引资观念大更新

思想是行动的先导。观念落后比经济落后更可怕，我们与先进地区的差距，表面上看是经济实力的差距，但根本上是思想观念上的差距。要实现招商引资大跨越，必须实现思想观念的跨越，必须解放思想，更新观念。一要树立“发展是硬道理，招商引资也是硬道理”的新发展观。招商引资可以促进龙山产业结构升级、吸引先进的管理和技术、增加财政收入、创造更多的就业机会、有效地弥补建设资金不足。因此，我们要咬住招商引资这个主题，把它作为发展龙山经济的第一要务。二要树立“外商内商都是客商”的新服务观。要形成“大招商、大服务”工作思路，一个地方的经济发展，依赖于这里的资金聚集状况。因此，对一切到龙山投资兴业的，不论是外商还是内商，不论是投资大的还是投资少的，都要以诚相待，以礼相待，予以尊重、支持、保护，真正形成“亲商、重商、安商、富商”的氛围，全县要一盘棋，在“大招商、大服务”上形成合力。三要树立“以发展论英雄、以实绩论高低”的新评价观。外商来龙山投资目的只有一个就是赚钱发财，即追求利益最大化。作为龙山人要树立“双赢”意识，不要患“红眼病”，不要鼠目寸光，只考虑自我利益，局部利益，眼前利益，而影响外商企业的发展，我们要营造龙山良好的人文环境，有正确的价值取向，体现我们的地方环境；不要为眼前的一点点利益，最后失去了龙山信誉，失去了龙山形象，失去了龙山发展的机遇，要营造“你发财、我发展”的良好发展环境。

（二）狠抓产业规划，力求招商引资大跨越

招商引资就是要通过一种最低成本实现最大效益的预期效应来吸引投资者。龙山要吸引投资者，最根本的是要有良好的市场预期效应，必须具备与众不同的比较优势。作为经济欠发达地区，对投资者最有吸引力的是

低价的劳动力和土地成本，但又受到观念、人才、机制、市场规模等滞后因素的影响。因此，我们要扬长避短，最大限度地发挥比较优势，要进一步做好城市功能定位、产业规划，至少从战略上形成有别于其他地区的特色，加快制定自己的产业规划、产业导向，对于符合我县产业规划或鼓励类的项目给予特殊优惠，从而加大这类项目的引进力度，加快形成我县产业特色的步伐，形成产业链。特别是我县特色农产品、矿产品、能源资源和旅游文化资源十分丰富，发展空间非常大，我们要从这些方面着手，大力扶持龙头企业，引进与龙头产业相关和配套的项目，形成自己的产业链，并形成集聚效应，带动这些产业的发展。此外，没有大项目，就很难有我县经济大发展。在引进“短、平、快”项目的同时，实施招商引资工作的重点应战略性转移，从重数量向重质量、重引进集团企业转变，争取引进对产业带动力强的大项目特别是工业项目。

（三）创新招商方式，实现招商引资大接轨

要积极探索多种招商引资方式，坚持集中招商与分散招商相结合、网络招商与推介招商相结合、政府推动招商与委托中介招商相结合，充分发挥网络、商会、中介、节会等媒介的桥梁作用，充分调动企业、园区和群众的招商积极性和主动性，尽快扭转政府在招商中演“独角戏”的尴尬局面。一要依托园区招商。突出工业园区招商主阵地作用，大力发展“园区经济”，走“园区招商”之路，这是国内外发达国家和地区广泛采用并经过证明的成功做法。作为内陆贫困地区，我县的工业园区基本处于起步阶段，园区招商大有文章可做。应迅速确定工业园区建设地址，拉开建设框架，完善水、电、路、通信等配套设施，营造“特区”环境，促进外来投资者聚合式、裂变式发展，使工业园区规模迅速扩张，形成气候，打响品牌，实现招商的良性循环。同时，要有重点、有创意地运作园区的招商活动，发挥园区政策服务、综合功能和产业发展方面的集成优势，积极吸引客商参与园区开发。二要坚持以商引商。每个客商背后都有一个市场网络，都有一个客商群体，客商的一句评价，往往可以抵我们说千句、道万语。因此，一定要真心对待客商，真情打动客商，真诚吸引客商，真心实意地与客商交朋友，以个人的人格魅力增进与客商的感情与友谊。要通过优化对客商的服务，认认真真地帮助客商解决难题，实实在在地为落户项目做好各项服务工作，使客商真正感到在龙山投资兴业顺心、舒心、安心，从而增强其投资的信心，激发其创业的激情，使他们自觉成为我县扩大对外影响的宣传员、投资环境和优惠政策的解说员、以外引外形成产业集聚的招商员，实现“以商引商”，努力形成招商引资的“葡萄串”效应。三要注重企业招商。在招商引资活动中，政府既要一如既往地加强对招商活动的组织和引导，又要遵从市场经济规律，把企业推上招商引资的主战场，无论是项目的选择、商务谈判，还是后期的合作实践，政府都要积极创造条件，让企业与客商“零距离”接触，千方百计促进企业与客商之间的沟通，真正做到政府“搭台”、企业“唱戏”。四要发动全民招商。招商引资工作，事关一个地方的发展大计，是一项长期性、全局性、社会性的工作，仅仅依靠政府和招商部门是远远不够的，需要调动各部门和全社会的力量，特别是与经济发展相关联的发改、财政、商务、经信等部门的积极性，从而形成“人人关心招商、人人参与招商、人人维护招商环境”的良好氛围。要广泛宣传发动，强化舆论引导，制定激励政策，把各行各业的力量聚集到招商引资上来，把广大群众的注意力都吸引到招商引资上来，把招商引资网络延伸到更大范围、更深领域、更高层次。

（四）优化发展环境，激活招商引资大潜力

环境决定招商引资成败，良好的环境是招商引资的重要资本。没有优良环境作保证，抓好招商引资就是空谈。因此，必须把改善环境摆在事关招商引资的突出位置，在抓好硬环境的同时，下大决心、花大气力改善软环境，确保引商、留商、便商、亲商、安商。一要改善投资硬环境。充分借鉴先进地区经验，创新城市开发模式和运作方式，多渠道筹集资金，稳步推进老城区提质改造，加速华塘新区路网、水网、电网建设。进一步加大城市综合治理，按照现代化城市标准和要求进行整治，解决有碍市容形象的违章建筑和临时建筑等问题；整顿交通秩序，解决交通拥堵等问题；深入开展城乡同建同治和巩固省级卫生县城等活动，彻底解决城市环境

"脏、乱、差"等问题；精心策划和设计城市的绿化、净化、美化、亮化，加快形成特色鲜明、景观优美的城市环境。二要优化招商软环境。要采取强有力的措施，切实抓好软环境建设，使资本进得来、企业留得住、发展有信心。牢固树立"人人是窗口、人人是环境"的招商理念，不断增强"亲商、安商、富商"意识，寓招商于服务之中，"一切为项目让路，一切为企业服务"。建立完善为投资者服务的"绿色通道"，实行"一站式"受理、全程式代理、"一条龙"服务，做到事不过夜，特事特办。同时，要加强诚信龙山建设，以诚招商、以信留商。三要破解发展要素瓶颈。今后，我们的政策、土地、资金、能源等要素资源，都要向工业园区集中，向项目集中。积极调整土地利用规划，加大对闲置土地的处置，推进存量土地整合开发，盘活存量；积极向上争取增量指标，确保项目建设用地需求。积极帮助企业争取上级有关扶持、奖励、贴息资金，协调做好银企对接，最大限度融通资金，保证项目建设。同时，在项目用电、用水、用工等方面给予大力支持，创造条件促进项目落地开工。

（五）加强队伍建设，开创招商引资新局面

要在招商引资竞争中突出重围，必须培养和建设一支高素质的招商人才队伍。招商人员，除了具有一定金融管理、投资、国际经贸、法律及相关行业的专业知识外，还需既熟悉本地人文地理环境和自然资源，又吃透客地情况。首先，要做到"知彼"。准确把握招商地的经济发展动态、企业投资方向、产业转移动向，深入了解、分析和研究招商地的经济社会状况，包括地缘文化、产业特色、发展环境、政策规定、社会动态、风土人情等，尤其是对当地的重点企业及其主导产品、发展状况、机构设置、领导班子等情况了如指掌，甚至对企业主要负责人的个人经历、家庭背景、社会关系、兴趣爱好等都有所了解，找准结合点和突破点，尽快打开工作局面。其次，做到"知己"。从投资者来说，其所关心的除了我县的优惠政策、土地价格、投资环境以外，还要看其在龙山投资的综合经济效益成本，即产业关联度、产品的配套程度以及物流状况等。因此，作为外出招商人员，应把吃透县情作为一项基本功，对我县现有的主导产业，哪些产

品可以配套，哪些资源可供利用，哪些市场潜力有待挖掘，烂熟于心，如数家珍，以便在招商过程中有针对性地对发达地区的相关产业予以重点关注，有效地捕捉商机，找准对接点。同时，要注重培养招商人员的公关能力和应变能力，鼓励工作创新，不断激发招商人员的工作激情，进而开创我县招商引资工作新局面。

（执笔人：赵志红）

龙凤示范区推进项目建设的对策建议

项目是资源配置的依托平台、是生产力诸要素的集合体，项目建设是龙凤示范区发展的“助推器”。2013 年 10 月 24 日，彭正刚同志在龙山县 2013 年第三季度“三重”工作讲评会上指出：“全县上下要全面掀起‘大干项目’‘干大项目’的新高潮。”2014 年 5 月 28 日，在全县经济工作调度会上，他又再次强调：“当前最关键的工作就是抓大项目，上大项目”，要一切围绕项目转。2014 年 1 月 7 日，向军同志在来凤县十六届人民代表大会第四次会议上指出：“要牢固树立‘发展抓产业、产业抓项目、项目抓招商’的理念。”针对龙凤示范区近年来项目建设中存在的重点工程开工率低、工程进度慢、完成投资少等实际问题，我们组织课题组，在深入调研的基础上就如何推进龙凤示范区项目建设作一些对策思考，以期达到抛砖引玉之目的。

一、继续解放思想，从战略的高度推进项目建设

思想是行动的先导，大力推进项目建设必须高度统一思想，深刻认识加强项目建设的重大战略意义。

第一，要把项目建设作为抢抓战略机遇的重要突破口。通过多年的艰苦努力，两县的重点工程建设已进入投资高峰期，争资上项已步入黄金时期，经济和社会各项事业得到了跨越式发展。自国务院 2011 年 10 月批准设立龙凤示范区以来，龙凤示范区的项目建设取得了突出成就。龙山、来凤两县实施了酉水河综合治理、落水洞电站、G209 绕城线、边区中心医

院，湘鄂情大桥，龙凤科教示范园、龙凤文化中心、龙凤体育中心等重大项目，黔张常铁路、吉恩高速公路和农村养老保险等一批重大基础设施项目和民生项目正式启动。2014 年以来，区内两县面对交通、土地、资金等瓶颈制约，深入开展“项目建设推进年”活动，狠抓项目攻关，龙山县强力推进总投资 115 亿元的 22 个新开工项目、总投资 229 亿元的 12 个续建项目，以及 16 个重大项目前期工作；来凤县 500 万元以上重点项目开工 162 个，累计完成投资 56.3 亿元，华龙城、黔龙 1 号、城峰国际等重点项目进展顺利，龙凤太子酒店、酉水雅苑、110KV 黄矛坪变电站等重点项目建成并投入使用。重点项目在扩大有效投资中的牵引作用逐渐凸显。由此可见：抓项目，就是抓发展机遇；只有抓住抓准项目，才是真正抓住抓准机遇！

第二，要把项目建设作为推进产业结构优化升级的重要举措。近年来，龙山、来凤两县在不断扩大投资总量的同时，更加注重发挥投资对产业结构优化调整的带动作用，其中固定资产投资中投向三次产业的比重逐步趋向合理，资金投入呈现向二、三、一产业结构优化演变的新趋势，第一、三产业投资稳中趋升，第二产业投资增长步伐加快。三次产业投资结构的不断优化，进一步加快了产业结构调整优化的步伐，龙山县三次产业比重从 2011 年的 32∶23∶45 优化到 2014 年的 25.9∶23.5∶50.6；来凤县三次产业比重从 2011 年的 26.9∶26.3∶46.8 优化到 2014 年的 21.9∶29.3∶48.8。2014 年，龙山、来凤两县全社会固定资产投资分别为 60.1 亿元、54 亿元，分别增长 21.9%、29.3%。2013 年 10 月 25 日，龙山县委书记彭正刚曾在 2013 年第四季度全县经济工作推进会议上指出：“要坚定不移地抓项目建设，按照‘意向项目抓签约、签约项目抓开工、开工项目抓投产、投产项目抓增效、所有项目优环境’的要求，动用一切力量，在项目建设上再升温、再使力、再加压……”实践已经证明：今天的投资重点就是明天的经济增长点，今天的投资规模就是明天的产出规模，今天的投资结构就是明天的产业结构。

第三，要把项目建设作为促进经济社会持续发展的强大动力。“十二五”以来，两县始终坚持以重大项目建设为抓手，千方百计加大投入，着力化解项目建设“瓶颈”制约，实施了一批事关龙凤示范区经济社会长远发展的大工程大项目，有效地推进了两县经济社会持续稳定快速健康发展。同时，通过重大项目建设，有效拉动投资消费需求的快速增长，对社会投资和消费信心的树立起到十分重要的导向作用。通过重大项目建设，有效地带动人流、物流、信息流的聚集和辐射，推动配套投资，带动了相关产业的发展，对推进城市化进程、缩小城乡差别、扩大社会就业、促进市场繁荣起到了巨大的推动作用。实践证明：项目建设特别是重大项目建设，是发展经济的第一突破口，也是促进经济社会持续发展的关键所在。

第四，要把项目建设作为推动各项工作落实的有效方法。2006 年以来，两县先后实施了“科教兴县”“龙凤融城”“一水双城”等战略举措，这些举措是在充分调研基础上总结形成的，是完全符合我县实际的，通过努力也是能够逐步得到实现的。但如果没有具体的项目支撑，这些目标和思路很可能就只是美好的设想。如几年来，龙山县通过扎实推进“三大基础”工作，大力实施“三大就业”工程，统筹城乡“三大网络”建设，通过抓一大批教育、文化、卫生等社会事业项目建设，相继建成龙山县高级中学、皇仓中学以及各乡镇敬老院，顺利实施农村学校、乡卫生院危旧房改造和标准化建设等项目，群众就医、就学等保障能力得到切实加强。重大项目的实施和建设，充分反映了党委、政府驾驭发展的能力和水平，充分反映了广大干部抓工作的能力和作风。实践证明：项目是落实发展思路和推动工作的有效载体，也是对日益复杂的经济建设和社会发展事业实施科学管理的有效形式。

二、坚持以人为本，靠强大的智力推进项目建设

毛泽东曾经说过：“政治路线确定之后，干部就是决定的因素”。可以说，进行项目建设，人才就是关键因素。

其一，要制定优惠政策，培养项目建设人才。采取政府拨款、企业资助、社会捐赠等形式，有计划、有重点、分层次培养各类项目急需的人

才。同时，为进一步激发社会各界的广泛参与，为各方面专家学者、科技人员和社会各阶层参与项目工作搭建平台，优化项目工作条件，强化项目利益保障。在突出引才、用才、亲才的同时，打破人才终身制，探索实施成果转化与待遇挂钩、效益体现与报酬同步，实现人才的市场化发展。努力形成识才、用才、爱才、聚才的良好氛围。

其二，要制定优惠政策，稳住项目建设人才。通过创造机会、提供舞台、改善待遇、加强培训、绩效奖励等办法，为各类人才在项目工作中施展才华创造富有吸引力的工作条件。设身处地地为人才着想，努力形成尊重知识、尊重人才、鼓励创新的氛围，同时，也为人才提供优良的生存和发展空间。既为人才设计职业生涯，使人才有明确的奋斗目标，又在项目建设中明确发展目标，使人才切身感受到项目发展与他们息息相关，进而通过公平、公正的竞争机制让每位人才充满工作的动力和压力。努力形成人才为发展环境而留、为公平竞争机制而留、为项目发展而留的良好氛围。

其三，要制定优惠政策，集聚项目建设人才。项目建设的各种人才散布在各个系统、各个部门，甚至有些技术人员不在技术岗位，不能发挥这些人才的作用，难以显现人才的集聚效益。可以通过部门、系统之间的人员流动，把项目建设专业人才集聚在一起，共同完成项目建设，也可以成立项目建设专家库，定期研究全县项目建设问题，为项目建设献计献策。

其四，要制定优惠政策，引进项目建设人才。通过放宽人才引进政策，实行“留”“流”自主自愿，优先解决引进人才及家属的户口、住房、就业、社保等问题。坚持引资与引智并举、项目建设与引进人才相结合，鼓励各类人才带项目、带技术、带资金等来创业，更大范围地广揽海内外人才。逐渐淡化工作调动、调档案、举家迁移等人才流动方式，采用“人在彼地、才在此地”流动模式，实现人才资源利用效率的最大化。

三、突破思维定式，以科学的理念推进项目建设

传统的思维模式束缚了人们的手脚，推进项目建设必须创新发展思路。

首先，要突破“重外轻内”的思维定式，走内外并重的路子。招商和技改是项目建设的两只强有力的抓手，要坚持“两手抓，两手都要硬”。要抓好对外招商。进一步选择好招商区域，深入研究龙凤示范区的产业特征、发展方向和产业转移重点，吃透情况，上门沟通，力争引进促进双方优势互补、产业对接的好项目。要紧紧抓住国家投资重点向中西部倾斜，特别是湖南省支持湘西地区扶贫开发、国家建设武陵山经济协作区龙凤示范区的契机，以及沿海发达城市将其配套项目向内地转移的大好机遇，主动加强政策研究，及时与上级有关部门沟通联系，掌握信息，看准时机，往政策性项目“笼子”里面挤。要抓好对内技改。对有税收、就业和经济总量规模的项目，加大扶持力度，鼓励技术改造，促进现有项目做大做强。

其次，要突破“遍地插花”的思维定式，走产业集中的路子。要进一步集中和壮大支柱产业，多引进产业关联度强的项目，逐步形成上下游成龙配套的产业链，形成比较优势。以示范区的旅游资源开发、优势农产品开发项目为重点，加快黔张常铁路、吉恩高速公路、污水处理厂等基础设施建设，为更多项目入驻龙凤示范区提供可能。引进的项目要不断向开发区集中，把开发区打造成经济增长的“核心区”。目前，落户开发区的项目还不多，分布比较零散，还没有形成科学合理的产业规划布局。因此，要在科学规划产业布局的基础上，把最具优势、最具潜力的项目向园区聚集发展，帮助入园项目加快建设步伐，促成早日投产。

再次，突破“全面撒网”的思维定式，走新型招商的路子。要在坚持领导带头招商、部门协同招商、全员参与招商基础上，从以往的“全面撒网”转向重点突破、专业突破、集中突破。深入推进以商招商。充分发挥企业招商作用，积极引导、鼓励本市企业拿出优势资产、品牌、项目与外面的大企业、大集团合作，提升企业竞争力。大力实施专业招商。组织专业招商小分队，深入分析研究可与龙凤示范区对接的招商区域和项目，了解掌握一批有意向实行产业转移项目的信息，实行有针对性地招商。集中时间招商。开展“百日招商”活动，各部门在集中时间内，派出精干小分队，带项目、带资料，有针对性地外出招商，并对招商情况实行严格的考核。此外，要鼓励节会招商和网上招商等形式，力争实现招商引资新突破。

四、做好前期工作，以稳妥的步伐推进项目建设

项目前期工作既是项目审批过程，更是项目策划包装过程，务必精益求精。

一要解决“干哪些前期工作”的问题，明确下达项目前期任务。龙山、来凤两县“十三五”规划项目主要包括产业发展、基础设施建设、民生工程、服务机关设施建设等四大类近600个。对以上项目，要加强前期计划管理，通过计划应进一步细化，明确具体项目的前期进度要求、责任主体、工作班子等。对计划确定的项目各相关部门要极力配合，上下联动，左右联动，合力攻坚，强力推进。

二要解决“有人干前期工作”的问题，切实落实前期工作责任。对列入急需进行前期工作的项目要逐个落实责任部门，成立具体项目前期工作领导小组来协调工作。建立前期工作进展情况季报制度，要求各前期工作领导小组办公室定期将各自的项目前期工作进展情况、存在问题及工作建议及时上报，并由两县政府或示范办出面及时加以解决。

三要解决“有钱干前期工作”的问题，确保项目前期经费。根据湖南、湖北两省其他县（市）的经验，每年都从财政中安排一块经费，专门用于重大项目的前期工作滚动经费。自2009年开始，龙山、来凤两县均专门安排了一定数额的前期经费。据测算，项目的前期经费约占整个工程投资的10%左右，100万元只能满足一个1000万元的项目前期经费，对于整个示范区需要的庞大前期经费来讲，简直就是杯水车薪，难以满足前期工作最基本的需求。

四要解决“前期工作效益如何发挥”的问题，经营好前期项目运作。根据项目前期进度，及时包装进入项目储备库，一部分项目向社会推介，争取多渠道筹集建设资金；一部分对口项目及时向上申报，争取上级政府资金和用地支持。相对成熟的项目要组织付诸实施。两县示范办及两县的

“两办”督查室、发改局要定期对全县的工程项目进行督查，并予以通报。

五、创新工作举措，以快捷的速度推进项目建设

创新是项目建设的灵魂，要不断创新工作举措，实现项目建设又好又快发展。

一是坚持超前准备，提高对接速度。结合龙山、来凤的资源、产业优势，精心开发、论证、包装、储备一批前景广阔、效益高、对接度强的项目，定期调整、充实项目储备库。采取政府推动、企业主导、市场运作的方式，引导社会各方面积极参与项目策划包装，保证项目包装在人员、资金、技术等方面不受制约，确保项目储备一批，包装一批，推出一批，见效一批。扎实做好项目规划、论证、立项等前期工作，形成完备的项目材料，确保项目的可行、科学和规范。

二是构建优势平台，提高落地速度。要高起点规划园区。把园区规划与国家土地、环保、产业等政策的规定，与城镇建设和发展定位，与产业培育和发展的目标结合，把园区打造成为龙山、来凤形象的展示区，科学发展的示范区，经济发展的核心区，机制创新的先行区。要高品位建设园区。加快水电管网、污水处理厂等生产性设施建设，为项目落地提供必需的基础条件。加强卫生保健、娱乐休闲、文化教育等生活性设施建设，为项目发展提供必要的人居环境。

三是完善管理机制，加快建设速度。两县须大力推行“县级领导联产业，部门服务企业”制度，落实部门服务企业“六包”责任制，建立项目建设联席会议制度，及时协调解决项目实施过程中的突出矛盾和问题，充分发挥“金钥匙”活动方案的监督效能，强化责任落实。建立重点项目政策扶持和分析制度，对列入重点建设的项目优先进行项目前期工作、优先安排供地、优先安排融资扶持资金等，实行定期通报、旬调度、月分析，确保重点建设项目顺利推进。完善项目督办督查制度，两县示范办及两县的“两办”督查室、发改局要定期对项目建设工作进行跟踪督查，建立督查台账，确保建设速度。落实项目建设奖惩考核机制，对招商引资、技

改、服务等有突出贡献的单位和个人给予重奖，并在年终兑现奖励。对服务不周、管理不力、破坏项目建设环境的予以严肃处理。

六、强化发展保障，以优质的服务推进项目建设

要精心研究困扰项目建设的用地、政策处理、资金短缺等问题，为项目建设提供优质服务。

一要破解发展瓶颈。在融资问题上，要用好六条渠道：立项争、招商引、银行贷、上市融、民间筹、财政挤。搭建政银企联席会和项目推介平台，加强银企间的相互了解和信任。探索建立中小企业金融担保体系，加大融资贷款和吸纳社会闲散资金的力度。帮助和指导有条件的企业上市融资，通过多种渠道逐步缓解融资瓶颈。在项目用地上，重点抓好四项工作：抓规划留足空间、抓清查盘活存量资产、抓集约提高效率、抓报批多争指标。特别是在抓好项目用地报批上，认真研究国家土地政策。

二要加强项目监管。两县审计、监察等部门要强化对项目的审计、监察工作，认真查处工程质量、资金使用、施工环境等环节的违规行为，确保所有项目工程质量。实行事前、事中、事后全方位审计，紧跟项目“资金流”、紧贴项目“实体”、切实搞好项目“跟进”审计。加强对在建项目安全生产的监管，抓项目的领导和有关部门要定期下到建设工地，督促检查安全生产和建筑安全等情况，发现问题及时研究解决，排除生产建设中的一切安全隐患，为项目建设提供安全保障。

三要创新服务方式。对涉及的收费项目，由开发区与职能部门有效协商，制定出按投资规模确定的最低收费标准，并对项目投资者公布，实现收费公开透明，减少相互扯皮推诿现象，提高工作效率。在报批环节，落实好全程代理制度，推行集中审批，由开发商为投资者全程代理手续办理。要从转变政府职能入手，加强行政效能建设，减少行政审批，简化办事程序，规范行政行为，打造项目建设“绿色通道”。

（执笔人：车丕湘）

龙凤示范区土地流转机制创新研究

十八大以来，中央深改组多次开会审议讨论三农问题，国务院最终出台《关于引导农村土地经营权有序流转发展农业适度规模经营的意见》，指出：土地流转和适度规模经营是发展现代农业的必由之路，有利于优化土地资源配置和提高劳动生产率，有利于保障粮食安全和主要农产品供给，有利于促进农业技术推广应用和农业增效、农民增收，应从我国人多地少、农村情况千差万别的实际出发，积极稳妥地推进。龙凤示范区作为全国14个集中连片特困地区中唯一一个跨省经济协作示范区，本着“先行先试，优先发展”的原则，笔者对龙凤经济协作示范区农村土地流转进行了认真分析，思考研究，具体情况如下。

一、龙凤示范区的基本概况

龙凤示范区包括湖南省龙山县和湖北省来凤县，国土面积4473平方公里，总人口91.5万人。地处武陵山脉腹地，同处湖南、湖北两省的西北边陲，地域属亚热带大陆性湿润季风气候区，四季分明，气候宜人，雨水充沛。在这片神奇而又美丽的土地上，繁衍生息着土家、苗等17个少数民族，占总人口的66.4%。土地构成为“八山半水一分田半分道路加宅园”，山地面积占总面积的80.2%，耕地面积仅占8.5%，人均0.8亩。资料统计，龙凤两县2010年生产总值67.24亿元，人均GDP仅7471元，两县财政收入的总和也只有5.87亿元。2010年，两县生产总值占武陵山片区的3%，人均地区生产总值仅为全国平均水平的25%。农民人均纯收入为

3089 元，仅为全国平均水平的 51%。是典型的集中连片老少边特困地区。土地利用率不高，土地产出物传统单一，所产粮食只能解决温饱问题。土地流转观念原始淡薄，土地流转形式缺乏多样性。

二、龙凤示范区土地流转的模式及特点

现阶段龙凤示范区土地流转的形式主要有两种：

（一）自发流转

自发流转就是由农户自愿转包和承包，主要由口头或书面协议的形式，农户从承包者那里取得一定收益，包括粮食或现金，这种形式大部分是在本地农户之间流转，少部分在村以外的农户之间流转，我县土地流转绝大部分是这种自发流转的形式。

（二）租赁

租赁这种形式主要是由外来投资者与农户签订租赁合同。其主要特点表现在四个方面：一是流转形式从比较单一向多样化转变。目前土地流转存在土地出租、转包、互换、转让股份合作制等多种流转形式，有组织、有序成片流转的比重逐渐上升。二是流转范围快速发展。土地使用权流转从以耕地为主逐步扩大到林地、水面等整个农用土地。土地使用权的流转已由原来的在亲戚、邻居、朋友等成员为主的农户之间进行，发展到在不同地域、不同经济组织之间进行。三是流转的主体多元化。农业龙头企业、工商企业、科技人员和科技企业等成了租赁土地使用权、投资经营农业的一股强劲的新生力量。四是流转的结果规模化。土地使用权流转的推进，为种养大户和个体企业投资效益农业提供了广阔的发展空间，培育了一大批新型的市场农业经营主体，有力地推进了农业规模经营的发展。

三、龙凤示范区土地流转的现状

30 年前农村的改革发端于土地承包。土地承包调动了亿万农民的生产积极性，促进了农村和整个经济的繁荣。承包地不仅是农民重要的生产资料，而且是农民最基本的生活保障。我国现行的农地产权制度存在一定缺

陷，其主要表现为：所有权主体不清，权限不明；土地经营细碎化，不利于规模经营；农民经营土地短期行为严重等；外出务工农民的承包地弃耕、撂荒现象严重；土地流转困难等。

（一）土地权属关系混乱，所有权主体界定不清，内容界定不完整

目前农村土地所有权主体呈现多样性。就我国的现行法律来说，尽管规定农村土地的所用权归集体所有，但各级管理处置权却由国家掌握，集体所有名不副实，再加上农村双层经营体制中家庭经营层次日益强化扩大，农村集体机构对土地使用方面的监督、管理和调控能力也就非常有限了。

（二）土地资源零碎化

为了充分体现社区成员平等取得土地使用权的权利，采取按人口平均分配土地的办法均分土地。由于我国人多地少的特殊国情，使得农地经营规模特别小，加之实行好坏搭配以及定期调整等，又造成了地块的数量增加和分布零散。这种多地块、小面积、分散狭小的经营规模，不利于合理利用农业机械和水利设施，不利于实行合理耕作和采用先进技术，不利于调整作物结构和防止病虫害，不利于保持优良品种的纯度和品质，不利于增加农户对土地的投入，必然造成农业的粗放经营和低效益，并且与现代市场经济的大规模、集约化经营相违背。

（三）土地流转困难

在我国，农地流转主要是指农地使用者的农地权利全部或部分地从一个主体转移给其他主体的行为，即农地使用权的流转。随着我国市场经济的不断发展，城市化进程的不断加快，大量的农业人口转为非农业人口，从事非农产业将不可逆转，这样就产生了土地流转的客观需要。农村土地产权关系归属不明确以及周期性的土地调整，土地转让在具体的期限和合同方面不规范，土地流转期限比较短且不稳定，大多数转让都可以随时终止，这使土地流转没有稳定的预期。所以土地的流转一般都是在亲戚、好朋友之间无偿进行的，土地很少能流转到最能有效使用土地的人手中，造成土地的使用效率低下和严重浪费。

四、龙凤示范区土地流转存在的一些问题

（一）土地流转的操作程序不够规范

目前，规范的土地流转机制还没有建立，在完备流转手续、规范流转程序方面存在不少问题。不少农户采用“口头协议”，私下进行自发性的流转，不遵循一定的程序和履行必要的手续，未通过流转合同来规范双方的权利和义务关系，纠纷隐患较多。

（二）土地流转的中介组织不够健全

大部分地区尚未形成统一规范的土地流转市场，流转中介组织较少，流转信息传播渠道不畅。一些地方尽管建立了流转中介组织，但真正按市场经济法则对土地流转进行运作的并不多。流转市场发育不良，中介组织匮乏，信息不灵，往往出现农户有转出土地意向却找不到合适的受让方，而需要土地的人又找不到中意的出让者，影响了生产要素的合理流动和优化配置。

（三）土地流转中政府定位不当

一些乡村组织直接充当土地流转的主体，不尊重农民的意愿，随意改变土地承包关系，搞强制性的土地流转。有的把土地流转作为增加乡村收入的手段，或者作为突出地方政绩的形象工程，损害农民利益。一些地方热衷于搞“反租倒包”，由于流转的动机和做法各异，在操作中曲解甚至违背土地政策，如有的强行反租，有的租金补偿过低，有的明着“反租”，暗着“倒包”，土地租金的收益分配缺乏透明度。

（四）非农建设用地存在严重损害农民利益的倾向

目前，非农建设用地绝大多数实行国家征用，没有区分公益性、经营性的不同性质。征地与供地采用双轨制，征地沿用计划经济时的强制办法，但供地却采取市场经济的有偿出让，政府“以地生财”。伴随着房地产热、开发区、小城镇建设的逐步升温，征地失控，“圈地运动”不断升级。对农民的征地补偿方法不合理，采取“一次性买断”，且补偿费不能全部到位，层层截留，农民只能得到一点安置补助。现在每亩土地征用费

已高达 7 万—8 万元，而农民得到的不足 1 万元。这对农民是一种剥夺。大批农民失去土地，又不能从土地上得到赖以生活的经常性收入，成为无业游民，威胁社会稳定。

五、龙凤示范区土地流转把握的基本原则

推进农村土地合理流转的基本原则，是正确处理稳定农村土地政策、提高农地资源配置效率以及保护农民的合法权益之间的关系。其中正确执行党在农村的土地政策是土地合理流转的前提条件，提高土地资源的配置效率是土地流转的中心任务，而保护农民的合法权益则是土地流转的根本目的。这三者其实都离不开“以农民为本”的原则。

（一）坚持家庭经营为基础、土地承包权 30 年不变的原则

这一原则是保护农民当前和长远利益的根本保证，是确保农村稳定的政策基础。在此前提下，土地流转只是使用权的转让，农民不会由于土地流转而失去土地，土地流转的收益不是一次性支付，也不是永久固定的，农民应始终有一定的收入来源。

（二）坚持土地集体所有即农民所有的原则

土地承包权 30 年不变，实际已赋予农民物权性质的土地承包权。这种承包权是“准所有权”，应享有占有、使用、收益和处分四权统一的土地权利。只有赋予农民充分的土地权利，并保证不受侵蚀，才能有效建立土地流转机制，逐步形成农地要素市场，提高农地资源配置效率。

（三）坚持土地流转以农民为主体的原则

土地使用权的流转必须充分尊重农民意愿，流转的主体是农民，流转主要应在农户间进行，流转的收益应归农民。以农民为流转主体的原则是坚持上述两条原则的必然结果，也是切实维护农民的土地权益的具体体现。

六、龙凤示范区农村土地流转机制创新

（一）加快土地流转的立法

应尽快制定和出台农村土地承包法的实施细则，制定有关农村土地流

转的法律、法规，对于农民土地权利的界定，使用权流转的补偿标准及收益分配，土地流转的管理，土地纠纷的处理等基层难以解决的问题，通过调查研究加以规定，使农村土地流转纳入法制化轨道。要以法律形式确保农村基本经营制度的长期稳定，保护农民的土地承包权益和农村土地流转的健康、有序发展。

（二）培育各种类型的土地流转服务中介组织

建立土地使用权的市场化流动制度是农村土地制度变迁的必然趋势，而完善中介服务组织是农地市场化的关键。该机构负责受理需转让土地农户的申请，需承包土地投资人的申请，采用多种形式为双方牵线搭桥，保障流转双方的利益。基层农经合作经济管理部门要履行自己的职责，做好工作，确保土地“自愿、有偿、合法、有序”流转。进一步发挥中介机构的搭桥引线作用，加快土地流转，促进农业规模和产业化经营。

（三）有效发挥政府和村集体的职能

市场的发展有其自身的盲目性、自发性、滞后性的特点，尤其是我国农村的土地市场还很落后。因此，一是政府要对土地流转有宏观上的调控。建立调节机制，防止土地使用权过于集中，以调节土地流转过程中的垄断和不公平现象。农村土地市场的发育，可加强土地转让的公平性和竞争性，实现有序管理。二要建立约束政府行为过度干预的机制。准确定位政府在推进土地流转中的角色，监控土地供需总量的动态平衡，而不是运用行政手段去调整土地资源，与民争利。三要加强宣传力度，增加农民对有关法规和政策的了解，使土地流转由自发逐步转向自觉。土地是农民的命根子，群众是土地流转的主体。因此，要抓好土地流转，必须“以人为本”，千方百计调动广大群众的积极性。

（四）积极稳妥地推进城镇化

发展壮大县域经济，加快农业剩余劳动力转移和乡镇城市化进程，为土地流转创造条件。大力发展非农产业，使农村隐性失业劳动者从土地中分离出来，加快农业剩余劳动力转移；加大对农民的培训力度，提高农村剩余劳动力的技能和素质，加大劳务输出；切实加快乡镇城市化进程，实现农村剩余劳动力的就地转移；依靠科技进步，提高自主创新能力，积极主动地以国内外市场需求为导向，促进产业结构调整，提高企业竞争力，使更多农业剩余劳动力得以合理转移。

（五）完善农村金融服务体系

促进农村信贷，发展农村经济。农业结构调整和规模经营，农村二、三产业的发展，农村消费市场的扩展等问题，都与农民的经济状况密切相关，农民缺少资金及可靠的融资渠道已成为当前农村经济发展的一大制约因素，也必将制约农村土地流转。因此，建议在稳定承包权30年不变的基础上，以土地使用权抵押融资的方式，使农民较为方便地获得急需的启动资金，发展农业或农村二三产业，以此促进农村土地流转。在农业发展基金中，列出一定比例的专项基金用于扶持适度规模经营，主要用于农业基础建设、标准农田建设和农业科技推广等。要简化种养大户的贷款手续，通过信用社审定，发给“支农信用卡”或“贷款信誉证”。

（六）建立农村社会保障体系

目前，我国广大农民仍然把土地作为安身立命的基本生活保障，没有健全的社会保障制度，就不可能从根本上增强农民离开土地的安全感和适应市场风险的能力，农村土地市场发育的进程也将严重受阻。因而，必须建立多层次的农村保障体系，包括农村社会保险、社会救济、社会福利、优抚安置、社会互助，以及发展和完善农村合作医疗制度等，逐步弱化土地的福利和社会保险功能，建议研究“用土地流转出让金作为农村居民社会保障金”制度，为农民解除放弃土地承包的后顾之忧，使“完全不依赖土地为生计”的农民真正离开土地，促进农村土地流转和农村城镇化建设。

（执笔人：谭强龙）

龙凤示范区农业产业化建设的现状及对策研究

农业产业化建设是巩固农业基础地位和实现农业现代化的必然环节和重要载体，它对于连接工农、沟通城乡、壮大区域经济、建设社会主义新农村都有着重要的作用。为完成龙山县与湖北省来凤县共同承担的农村综合改革、城乡统筹一体化、区域经济发展的示范任务，推进龙凤示范区农业产业化发展，我们组成调研组对示范区内两县农业发展情况进行了专题调研，现将调研情况报告如下：

一、发展现状

近年来，龙凤示范区通过产业化的推进，农业经济结构得到较大幅度的调整，特别是在基地建设、经营组织、企业规模、联结机制等方面都取得了一定的成效，但也存在不少的困难和问题。

（一）农业区位优势凸显，但政策支持力度仍然不大

龙山、来凤两县的“十二五”农业富民战略，对龙凤示范区现代农业发展、特色农业提升制定了明确的思路和目标。随着国家新一轮扶贫开发战略实施、武陵山片区区域发展与扶贫攻坚试点的启动，来自区外的农业产业扶持力度将会进一步加大。长沙市、武汉市分别对口扶持龙山县、来凤县经济社会发展，为加快龙凤示范区农业产业化发展提供了千载难逢的契机。但是，行政推动力还很弱小，主要是因为各涉农单位各自为战，有

时还互相推诿，如影响农业产业发展的税收、土地、融资、用水、用电等方面还有一些优惠政策没有真正落实，可享受农用电价的一些企业用电还是按照工业电价来收费；整个示范区范围内的土地流转模式尚未建立等等。目前还有相当一部分干部和农民还不知道什么是农业产业化，更谈不到有意识地参与。农业产业化的政策还没有深入人心。

（二）组织形式基本确立，但组织化程度仍然较低

经过多年的探索和发展，龙凤示范区农民专业合作组织不断涌现。到2014年底，比较规范的农民专业合作组织达485家（其中龙山县177家，来凤县308家）。2014年，龙山县农产品加工企业达130家，其中县级农产品加工龙头企业28家；州级农产品加工龙头企业11家；省级农产品加工龙头企业4家（金山实业、现代中药、新世纪集团、馥生食品）；五星级休闲农庄1家（农夫果业，等同于省级龙头企业）。新世纪集团、现代中药、金山实业、馥生食品等农产品加工龙头企业先后与上海交通大学、青岛大学、湖南农业大学、北京中医药研科所、湖南中医药研究院等大中专院校及科研院所进行产、学、研合作，开发新产品，共取得各种专利近20余项。在第九届中国国际农产品交易会和中国中部（湖南）国际农博会上，“百合粉丝”等百合系列产品荣获金奖。石牌镇被评为“全国一村一品示范村镇”，“里耶脐橙”获国家商标局核准注册。来凤县年销售收入过5000万元的农业企业达19家，龙头企业逐渐壮大。但是，组织化程度仍然较低。目前仍是随机交易，购销关系不稳定，承担风险大，虽有一批龙头型经营组织，但农户和龙头组织之间绝大多数没有受到法律合同关系制约，没有形成风险共担，利益共享的共同体，致使一些产品发展势头很好，却因组织功能不强而自生自灭。

（三）特色农业初具规模，但资金投入仍然不足

龙凤示范区已基本形成了百合、烤烟、柑橘、粮食、蔬菜、薯类、中药材、畜牧水产等农业支柱产业。特色农业逐步呈现规模化发展态势。例如，龙山县就形成了以洗洛、石牌、桶车、白羊等乡镇为主的百合长廊；以茨岩、大安、乌鸦等乡镇为主的烤烟长廊；以里耶、内溪、贾市为主的

柑橘长廊；以白术、玄参、黄檗、厚朴、杜仲、天麻、金银花等为主的中药材产业。2014 年，龙山县百合种植面积达 8.6 万亩，产值 6.2 亿元，产量和销售均居全国前列；烤烟种植面积 6.3 万亩，收购烟叶 14.3 万担，烟叶产量居全省第四、全州第一，种植规模稳步上升；柑橘种植面积 14 万亩，完成品改低改 2 万亩，柑橘品种结构不断优化；蔬菜种植面积 10 万亩，进入全国 200 个重点蔬菜基地县笼子；金银花、天麻、白术、玄参等为主的中药材种植面积达 5 万亩，种植规模和效益不断提升……但是，由于县财政困难，每年安排农业产业建设资金严重不足，农业发展资金严重缩水。例如，龙山县 2005 年为 365 万元，2006 年锐减至 108 万元，2007 年仅 130 万元，2008—2014 年年均为 100 万元。农村基础设施建设资金缺乏，区域内各部门现行的各项资金有其严格的使用范围，资金投入十分有限。还由于大部分涉及农业产业指导和服务的部门只有人头经费和行政办公经费，没有配备相应的服务经费。如龙山县的百合、蔬菜部门，都只有行政管理干部，没有设置相应的技术指导体系和必要的经费，极大削弱了行政推动作用。

二、主要对策建议

从总体上看，龙山县与来凤县农业产业化经营仍然处于起步阶段，农业综合生产能力较强，但结构不够合理；农产品总量较多，但加工转化能力不够强大；龙头企业发展有了新的起色，但数量不够多、规模不够大、带动能力不够强；产业化经营有了较大进展，但经营水平和市场化程度不高；社会化服务体系初步形成，但产业化服务特别是产后服务滞后；发展农业产业化的政策体系初步形成，但财税政策扶持的力度跟不上，等等。这些都直接影响了农民增收和农业增效，成为制约农业和农村经济发展的“瓶颈”。笔者认为可以从以下几方面入手，加速农业产业化进程。

（一）强化引导服务，努力提高经营组织化水平

各级党委、政府要高度重视“三农”工作，坚持“多予、少取、放活”的方针，按照建设社会主义新农村的总体要求，全面落实科学发展

观。坚持求真务实的工作作风，深入基层，贴近群众，充分听取基层领导干部、群众和龙头企业的心声，按照面向市场、因地制宜、发挥优势的原则，科学制定产业发展规划。要像抓工业一样抓好农业，形成“工业反哺农业、城市支持农村、城乡统筹发展”的浓厚氛围。

1. 加强组织领导

要使龙凤示范区农业产业化经营工作有序、高效运行，必须对现有机构的职能进行优化整合。各县要成立农业产业化经营工作领导小组，由县委副书记、县人民政府县长任组长，县人民政府常务副县长、县人大副主任（1 名）、县人民政府分管农业的副县长、县政协副主席（1 名）任副组长，各涉农部门（单位）负责人为成员。领导小组下设办公室，由县人民政府分管农业的副县长兼任办公室主任。各乡镇（街道）和县直涉农部门（单位）也要组建相应的工作班子。切实将农业生产与服务、加工、销售等环节结合起来，通过市场牵动龙头企业，龙头企业带动农业生产基地，基地联合农户的形式，实现农业生产的专业化、农产品商品化和服务社会化。

2. 加强政策扶持

要出台专门文件，加大扶持政策力度，着力扶持一批产业前景好、市场带动强的龙头企业和农民专业合作社，提高其辐射带动力。重点支持带动能力强、关联度高、规模和产出能力大、成长性好、社会效益明显的龙头企业和重点项目。落实税收减免返还政策，按国家有关规定对农业产业化龙头企业，以及为农产品生产、加工、流通服务的行业，给予税收优惠。对龙头企业的生产用水、用电、用地，供水、供电相关部门要优先安排，并将优惠政策执行到位。工商部门要简化登记注册手续，降低注册登记门槛。对龙头企业运输鲜活农产品的车辆，优先发放绿色通行证。

3. 加大资金投入

发展农业产业化经营，离不开政府财政资金的支持。要不断加大对农业投入的力度，并确保按比例增长。一是要尽快设立农业发展基金。主要用于农业基础设施建设的投入，改善农业生产条件；对农业产业化经营、农业高新科技示范和推广等方面的建设项目给予补贴；对龙头企业开展技术改造、扩大生产经营规模、环保整治、收购农副产品、标准化生产基地建设及其他生产经营活动等给予贷款贴息扶持；对农民专业合作社及大户开展信息交流、成员培训、农产品质量标准与认证、市场营销和技术推广等活动给予贷款贴息扶持等。同时，建立各县统一的农业产业化发展信息网站平台，重点发布国家、省、州和本县、乡镇（街道）及涉农单位的农业产业化规划和扶持政策，汇集财政资金扶持项目的种类、立项要求和已扶持的项目信息等。在此基础上整合发改、国土资源、农业、林业、扶贫开发、烤烟、移民、畜牧水产、蔬菜等各类涉农项目资金，集中力量办事，提高资金使用的合理性和有效性。二是要积极向上争取资金和激活民间“休眠”资金。充分发挥财政支农资金的引导作用，利用贴息、补贴、税收减免、奖励等手段引导金融资本、工商资本和民间资本等投向农业产业化经营。完善农业产业化信贷优惠政策，重点运用财政资金贷款贴息，引导金融资本投向农业产业化；进一步加大和完善财政资金对农业产业化的补贴和奖励政策，吸引更多的工商资本和民间资金进入农业产业化。

4. 严格督查考核

坚持把农业产业化经营工作作为农业大县的一项重要政治任务来抓，将产业化经营产前、产中、产后各项服务工作层层分解、量化细化到各乡镇和县直有关职能部门，作为目标责任制考核的重要内容。切实捆绑各级各单位责任，形成主要领导亲自抓，分管领导重点抓，工作人员具体抓的工作格局。县农业产业化经营工作领导小组办公室要根据县情，科学制定农业产业化经营工作考核的共性目标，指导乡镇（街道）和责任单位合理制定考核的个性目标，定期或不定期督促检查，对工作不力的单位和个人进行通报批评。每年年底，实行严格考核并评选出农业产业化经营工作先进单位和先进个人。

（二）加快土地流转，努力提高土地集约化水平

土地规模经营是传统农业向现代农业转变的必由之路，也是农业产业化的内在要求。在不改变现行家庭承包关系的基础上，以解决好“地往何

处流、人往哪里去”为切入点，大力推进农村土地使用权有序流转，实现土地的集约化、规模化经营，为加快农业结构调整和产业化进程创造条件、夯实基础。

1. 服务带动

县、乡镇成立农村土地流转管理办公室，负责土地流转的政策研究、方案制订和业务指导等工作。乡镇以农业综合服务站为依托，成立农村土地流转服务中心，负责农村土地流转政策咨询、流转信息发布等工作。村级成立土地流转服务站，掌握村组农户土地承包经营权流转的信息，及时提供土地流转动态情况。保持土地流转形式的多样性。允许转包、出租、互换、转让、代耕、股份合作等形式流转土地承包经营权。建立相关制度，规范土地流转程序、流转合同和流转行为，明确土地流转纠纷仲裁机构，依法保障土地流转双方的合法权益，促进农村社会的和谐稳定。

2. 大户带动

在坚持农村土地承包政策不变的前提下，按照“依法、有偿、自愿、有序”的原则，积极稳妥地引导土地流转，加快市场化流转步伐；处理好各方面利益关系，规范流转行为，避免流转无序；注意土地流转与结构调整、发展特色农业相结合，与推进规模经营相结合。鼓励本地的种田能手、农副产品加工大户、农民经纪人租赁、承包、转包土地，从事种植、加工、销售一条龙经营，通过兴办家庭农场的方式，实行连片开发种植，提高土地产出率和劳动生产率，就地转化农村剩余劳动力。制定鼓励农村土地流转的政策措施，出台流转土地进行经营开发企业或生产大户等的信贷优惠政策，对参与土地流转的农户予以奖励等。

3. 龙头带动

吸引龙头企业参与土地流转，投资农业，使土地逐步向农业企业、专业大户、种地能手转移。鼓励和支持龙头企业采取租赁、入股、托管、“反租倒包”等形式，连片承包或股份经营土地、农业基础设施等，建立自己的生产基地并逐年扩大规模，推动农村土地流转。改变我县土地分散、难以形成规模优势的局面。切实加快龙凤示范区农村土地流转服务大厅、农村土地流转信息交易平台的建设工作。

4. 招商带动

可以借鉴外地发展“飞地经济”的经验，积极承接发达地区的产业转移。充分挖掘本地的地理、产业、资源优势，包装成招商项目，制定好优惠政策，广泛宣传，真诚合作，吸引境外资本、工商资本、私营资本兴办立体农业、生态农业、观光农业，推动资源开发、土地流转，切实提高土地的使用效率。

（三）突出科技创新，努力提高基地园区化水平

科学技术是第一生产力，发展农业产业化必须靠第一生产力的推动，走科技兴农的道路。逐步建立和完善农业科研、农业科技推广、农业科技培训和农业科技服务四大体系。围绕农业产业开发，加强与科研院所、高等院校的科技合作，联合共建一批产业科技研发平台。进一步加强县、乡（镇）两级农业推广网络建设，稳定和巩固现有的农村科技队伍，动员吸引更多的科技人员走向农村生产第一线。整合科研、技术推广和农业教育资源，加强农业科技培训和现场技术指导与服务。

1. 提高全民科技素质

改革科技人员管理体制，鼓励农技部门和科技人员到生产第一线，进行科学研究、技术承包，兴办经济实体，组织科技开发，开展有偿技术服务等，提高其参与度，带动农民科技文化素质的提高，加快农业实用型技术和新成果的推广。进一步开展知识更新活动，以适应农业产业化、农业标准化和农业现代化发展需求为目标，充分利用县农广校及乡镇成人学校等阵地，广泛开展对农民的科技文化培训，提高农户的市场意识、合作意识、信用意识、质量意识等，使广大农民适应农业产业化发展的需要。

2. 加强农业科技推广

继续把科技进步放在重要位置，充分利用现有科技力量和成果，并不断开发、引进新成果、新品种，从注重提高产量转移到提高品质效益上来。重点推广种、养业优良新品种；水稻轻简栽培、稻鸭共生技术、油菜

免耕直播、稻田秋马铃薯、玉米规范化种植技术；旱作农业、节水灌溉技术；病虫草鼠综合防治技术；瘦肉型猪配套饲养，秸秆氨化养畜，动物疫病防治，农产品保鲜、贮藏、加工等农业先进实用技术，加快农业科技成果转化为现实生产力，使龙凤示范区农业科技进步贡献率逐步提高到60%左右。

3. 加快发展现代农业

突出生态、绿色、有机、亚麻酸和富硒特色，重点抓好百合、烤烟、柑橘、蔬菜、三薯、中药材、粮油、畜牧水产等优势产业基地建设。推行一个产业、一套标准、一个品牌、一套检测体系、一批标准园区、一批合作社的“六个一”标准化建设模式，加速农业现代化进程。抓好“无公害农产品、绿色食品、有机农产品”的“三品”认证和商标注册，推进品牌农业和标准化农业建设。积极培育农产品市场营销主体，建立农产品营销网络，落实“绿色通道”政策，推进农产品市场营销。

4. 抓好示范园区建设

按照“传统农业特色化、特色农业规模化、规模农业高效化”的要求，加快实施现代农业园区建设。坚持农产品加工业向园区集聚发展，按照“规划高起点、建设高标准、投入高强度、管理高效率、资源高利用”的要求，着力创建好农产品加工工业园区。加强园区基础设施建设，优化园区产业发展环境，健全园区服务体系，提高园区生产经营效率，突显园区洼地效应。通过引进先进设备、先进技术、先进的经营管理模式，大力支持农产品加工企业转变发展方式，着力推进农产品加工由粗向精深转变、由劳动密集型向技术密集型转变、由分散型向集群型转变、由初端产品向终端产品转变，做大农产品加工龙头企业。

（四）培育龙头企业，努力提高经营国际化水平

龙头企业是牵引农业产业化运作和升级的“火车头”，没有龙头企业的驱动，农业产业化始终是一句空话。培养龙头企业总的原则是要突出“大、高、外、强”四字方针。大，就是大规格，围绕主导产业或拳头产品，培植集信息传递、技术推广、深度加工、贮运销售等多种功能于一体

的大型企业集团或合作经济组织，使之成为一些产业或产品的主体。高，就是起点高、标准高。不管是新上项目，还是老企业改革，不管是传统产品，还是新开发产品，都要注意做到高附加值、高科技含量、高市场占有率。外，就是外向型，不但要占领本地市场，还要占领外地市场；不但要站稳国内市场，还要开拓国际市场，扩大出口创汇。强，就是龙头企业的牵引力要强，辐射能力强，服务功能强。

1. 扶持骨干企业上规模

围绕示范区内粮食、百合、烤烟、柑橘、中药材、三薯、蔬菜、特色养殖等优势产业，突出扶持农业产业化加工龙头企业。加快培育和发展牵引力强、辐射面广的龙头企业，形成市场牵龙头、龙头带基地、基地连农户，产加销一条龙、贸工农一体化的经营格局，实现一般农产品向品牌农产品、常规农业向精品农业、传统农业向现代农业的跨越。一是利用民间资本，从种养运销大户中培育滋生新的龙头企业。二是采取兼并重组，实现小规模向大规模转变。三是注入高新科技，实现低层次向高层次转变。四是制定优惠政策，创造宽松环境，实现企业的提档升级，实现国内型向国际型转变。充分运用好龙凤示范区、国家支持农业产业化龙头企业的各项优惠政策，集中扶持一批规模大、竞争力强、效益好、带动农民增产增收作用显著的骨干龙头企业，促进产供销、贸工农相结合的“一条龙”产业链经营机制的形成，大力提高农业产业化经营的组织化程度。

2. 创新机制增活力

深化产权制度改革，按照“产权清晰、权责明确、政企分开、管理科学”的要求，因企制宜，实施产权制度改革，建立法人治理结构。鼓励和支持龙头企业经营者、领导层和企业法人持大股，提高股权集中度。推进联合重组，鼓励和支持有条件、有实力、有优势的龙头企业，按市场运作方式，通过收购、控股、划拨、委托经营和租赁等形式，进行重组、兼并和联合，扩张规模，组建成企业集团型龙头企业，增强产业带动力。转换经营机制，龙头企业要发挥资金雄厚、技术先进、信息灵通的优势，与农户签订产销合同，提供全方位服务，并通过风险基金、保护价收购、多次分配、入股分红等方式，与农户结成利益共同体。拓宽投入来源，引导民间资本、工商资本和外商资本进入农业领域，引进外地私人资本兴办、联办私营龙头企业，支持机关事业单位、乡村集体经济组织人员领办、参办、创办龙头企业。

3. 苦练内功上水平

引导龙头企业强化质量意识、标准意识、品牌意识和营销意识，开展商标认证，完善标准体系。积极实施“农产品进超市”工程，提高农产品的技术含量、质量标准、外包装水平和运输储藏保鲜能力，用优质名牌产品和现代营销手段开拓和占领市场，提高运行质量和经济效益。技术创新是企业发展壮大的基础，龙头企业要将引进外资与引进先进的技术、设备、管理以及人才紧密结合起来，通过技术入股、转让、买断等手段，迅速将技术转化到产品上。对龙头企业申报的技术创新项目，要优先立项，重点扶持，并鼓励和支持龙头企业创立研发机构，走产、学、研相结合的路子，增强自主创新能力，提升核心竞争力。

（五）理顺各方关系，努力提高联结机制科学化水平

农业产业化经营涉及各个方面的关系，关键是要形成利益互补的机制。农业产业化可以是“企业 + 基地 + 农户”，也可以是“专业市场（或专业协会） + 基地 + 农户 + 科研”等组织形式，但市场经济要求这个“ + ”必须是以经济利益为纽带，推动产供销一条龙、贸工农一体化的内在动力。因此，在实施农业产业化战略时，要妥善处理好各方利益关系，建立一种能兼顾各方利益的利益协调机制。具体要遵循以下原则：

1. 扶持生产

要引导龙头企业与农户形成紧密的利益共享、风险共担的利益联结关系。大力倡导“公司 + 农户”的“订单农业”，规范与深化农业订单，提高履约率。同时，积极探索合同制、股份制、股份合作制等经营组织形式，推动龙头企业与农户之间建立稳固的利益联结机制。要通过利益协调机制，使生产环节得以分享其后续环节（加工、运销）的利润，从而弥补农户因其自身经营规模过小造成的利润损失。加工、运销企业要把扶持生

产作为实现自身利益的必要手段和基本义务，自觉地为生产环节服务。龙头企业可以通过预付定金，发放生产扶持金，赊销种苗和饲料等方式，扶持农业生产。在追求一体化经营过程的利益最大化的同时，要让农业生产环节的农民得到整个产业链的合理利润，从而实现以工带农、以工帮农、以工补农和工、农、商、服务行业协调发展、共同进步。

2. 自我防卫

要通过实行农产品收购保护价等措施，建立风险保障制度。将由价格波动而使农业龙头企业造成的风险损失控制在最低程度，并对风险损失能有所补偿。建立风险基金比较可行的方式有两种：（1）农业龙头企业与参与农户共建，可将每年获取的共同经营利润予以一定的比例的扣除，形成风险基金。（2）政府担当一定的职责，与农业龙头企业共建形成风险基金。要加快农产品的市场体系完善与培育，建立和完善监督约束机制。监督约束机制与龙头企业和农户间利益联结机制有机地结合起来：如采用审查备案制度来确保合同的合法性和公开性，如制定并推行各种农产品产销标准合同，减少合同执行过程中争议的发生。还可以考虑在一体化经营创利多的市场波峰阶段，提取适当的风险基金，以备在产品滞销、市场跌入波谷、遭受自然灾害时提供自我保护，避免生产经营的大起大落。

3. 同甘共苦

按照风险共担、利益共享、互助协作、联动发展的原则，建立起产供销各环节、贸工农各方面同甘共苦的关系。实行谁扶持建设生产基地，由谁负责加工经营，无论在产品走销之时，还是在产品滞销之日，都应该坚持这一原则，避免由于市场波动出现抢收购或拒收购现象。特别是对农户因自然灾害造成的重大损失，龙头企业要给予适当补偿。

（六）搞活商品流通，努力提高农业市场化水平

加强市场营销体系建设，发展农产品现代流通方式，实现农产品高效流通。当前应围绕我县优势主导产业，加快建立健全以大型批发市场为骨干、农贸市场为基础、各大中城市设立的农产品直销店、食品超市为补充，农民专业合作组织和农民经纪人参与的农产品市场流通体系。

1. 以品牌化经营为龙头

坚持以龙头企业为依托，重点打造品牌产品。积极开展“三品一标”工作，引导农业加工企业及农民创造条件，积极申报“无公害农产品、绿色食品、有机农产品和农产品地理标志”的“三品一标”认证，逐步增加农产品“三品一标”的个数。搞好农产品“三品一标”认证后的维护、使用和管理，切实维护好“三品一标”的品牌公信力，充分发挥“三品一标”对农业产业发展的促进作用，不断提高农业市场化水平。

2. 以组织化营销为基础

完善农产品市场基础设施建设，重点抓好农产品贸易、综合批发市场、冷库、仓储设施建设。在农产品批发市场的基础上，建设大型农产品物流配送中心，提高优质农产品集中采购、统一配送的能力；引导农产品批发市场、农业产业化龙头企业和大型农产品流通企业等市场主体建立农产品连锁店、优质农产品专销区、专卖店等新型、高效的农产品营销网络；建立龙凤示范区优质农产品营销网等网络平台，引导农产品加工流通企业和种养、经销大户积极开展农产品网上交易，发展农产品电子商务；推广“超市＋基地”“超市＋农村流通合作组织”“超市＋批发市场”等“农超”对接模式，引导超市等企业发展农产品直接采购基地，与农民或农民经济合作组织建立产销联盟，推动和扩大订单生产，提高农产品在连锁超市、便利店、大型综合超市的经营规模。切实解决农产品生产与市场脱节、销售不畅的问题，逐步建立统一、有序、开放、竞争的市场体系。

3. 以标准化生产为核心

要突出抓好三个方面。一是抓紧普及农业标准化知识。加大培训、宣传力度，增强全社会的标准化意识。重点培训各类经营大户、科技带头户和龙头企业的厂长、经理们，通过他们的示范、带动作用，强化全社会的标准化意识，使生产者生产按标准，经营者经营讲诚信，消费者消费很放心。二是加快建立健全农业质量标准体系。按照“完整、接轨、配套、简便”的原则，在搞好规划的基础上，围绕主导产业和重点产品，逐一制定出从生产环境、生产过程到产品品质、加工包装一系列的标准，尽快形成一套统一、适用、与国际接轨的农业生产质量标准体系。三是加快无公害农产品基地建设。积极发展绿色、无公害食品，从种养、加工、销售、出口多环节入手，突出抓好药残、肥残和疫病菌三项指标控制。

（执笔人：车丕湘　向迎春）

积极发展壮大以旅游业为活水源头的服务业

2015 年 7 月期间，课题调研组一行，就如何经营城市、如何发展壮大以旅游业为龙头的服务业等课题先后两次对来凤县相关单位、龙山县相关单位、里耶管委会等相关单位进行了深入细致的调研，获取了大量、丰富、翔实、珍贵的第一手资料，为调研报告的顺利完成打下了坚实的基础。

调研后，通过对调研资料的精心整理、潜心挖掘、苦心提炼，归纳并总结出一个旗帜鲜明的论点：要积极发展壮大以旅游业为活水源头的服务业。

一、旅游业凋则服务业敝

（一）龙凤示范区的旅游业概况

1. 龙山县旅游资源概况

（1）北部——太平山景区。太平山距龙山县城 8 公里，自古为佛教圣地。雄奇险峻，其山顶终年云缠雾绕，仅一条石径小路可攀，路旁铁链护栏。“太平山层峦叠翠，林木葱茏，山峰险秀，殿阁凌云，风景优美，不亚于庐山雁荡”。主要景点有松月塔、息影洞、观音寺、登天梯等。

（2）中部——洛塔石林景区。洛塔地质公园总面积 142. 66 平方公里，共拥有 8 类岩溶地貌类型，11 种岩溶形态特征，大小溶洞 340 个，石林面积 62 平方公里，是一座天然岩溶地质公园，极具观光、科研价值。其中裸露型石林形态多样，造型奇特，塔状、林海状、罗汉状、锥状、刀状、剑簇状、帷幕状，淋漓荟萃，蔚为大观。集中分布形成了龙湾、五虎赶六羊、龙溪沟三处石林奇观。

（3）南部——里耶文化生态旅游景区。里耶文化生态旅游景区包括里耶古城旅游片区、乌龙山旅游片区、惹巴拉旅游片区。

引用湘西州委书记叶红专视察里耶后的讲话做一概述。叶红专指出：第一，把资源的保护放在第一位，加快生态文化资源和旅游产业开发的深度融合，使资源在开发中得到更好的保护而且实现可持续利用。第二，高标准做好保护、开发、规划。汇邦公司的设计方案和理念很有亮点，形成了景区内的旅游精品线。依山伴势做好规划，突出山城特点、民族特色，达到望得见山、看得见水、记得住乡愁的效果。第三，建设要突出重点，分期分步实施。特别是先把里耶古城这块开发好，争取两年之内见成效，在60周年州庆期间把这个产品推出去。第四，改善接待条件，加快配套设施建设。加快停车场、宾馆、游客服务中心等接待服务设施建设，为整个景区景点的尽早开放创造好的条件。

实地调研后，笔者又从县旅游局获知，2014年，龙山县旅游业总体保持稳定健康发展，旅游接待量和旅游总收入同比实现增长。接待旅游总人数320万人次，比2013年增长5.9%；实现旅游总收入6.8亿元，同比增长8.2%。

2. 来凤县旅游资源概况

（1）城郊——仙佛寺景区。来凤仙佛寺的艺术精华集中在摩崖石刻上。近两年，来凤县坚持在保护中开发，在开发中保护，多方投资打造仙佛寺景区，新修景区公路，修建旅游码头，扩大景区规模，绿化景区环境。同时，该县还聘请专家对景区开发进行了科学规划设计，编制了“一带五区”的发展蓝图，即宗教文化区、民族风情区、入口服务区、山林背景区、文化遗产区和酉水观光带。

（2）乡村。

①来凤杨梅古寨景区：位于三胡乡石桥村和黄柏村，这里有着良好的

休闲、观光山水自然资源和盐茶古道、古庙、古戏台等具有文化内涵的人文景点，与来凤县正在开发建设的仙佛寺景区、酉水三峡可以连成一片，是来凤县规划的集土家民俗、观光休闲、农耕体验于一体的休闲旅游度假目的地和城市后花园。

②“酉水三峡”旅游区：来凤县以酉水为主线，将重点打造龙嘴峡、阿塔峡、卯洞峡。同时，结合百福司中心集镇核心景区、舍米湖民俗文化风情线、怯道河山水风光线、卯洞地质公园风光旅游线等“一区三线”的打造，创建国家 AAAAA 级旅游景区。

实地调研后，笔者又从来凤县旅游局获知，2014 年，来凤县旅游业总体保持稳定健康发展，旅游接待量和旅游总收入同比实现增长。接待旅游总人数 102 万人次，比 2013 年增长 3.4%；实现旅游总收入 5.26 亿元，同比增长 7.3%。

（二）龙凤示范区服务业现状

在实际调研中，笔者在众多的服务业中重点选取了旅游、超市、物流、保险 4 只“麻雀”进行了一定程度的解剖。解剖后发现，现虽已远离屈原的“长太息以掩涕兮，哀民生之多艰”的时代，但民生“多艰”确是一种“共同、共通的切肤之痛”。

1. 超市之多艰：多龙治水生存难

调研发现，超市是个典型的“弱势群体”，能管制超市的主管单位多如牛毛（呈“多龙治水”之势）；虽是“弱势群体”，但超市却如雨后春笋一般迅猛发展，那是因为开设超市的门槛较低：几乎不要什么资质与条件［在“劳动力不值钱”时代，劳动力密集型产业（超市）不愁找不到人］，只要“够本”（本钱足）就行。

从盈利与纳税情况来看，盈利是商业秘密，仅从调研中无法知悉；就纳税而言，在来凤县的 4 大家超市中，仅中百超市一年纳税超百万，另 3 家超市纳税之和不足 200 万元。概言之，来凤县超市一年纳税都不超过 300 万元，占来凤县一年财税收入的比重仅为 0.75% 左右；而在龙山县的 4 大家超市，纳税能力都在 70 万—90 万元间。概言之，龙山县超市一年纳税只不过接近300万元，占龙山县一年财税收入的比重仅为0.8%左右。

在实际调研中发现，很多超市冷冷清清，门可罗雀，许多柜台都没有租赁出去；炎炎烈日下，这些空缺的铺位变成了老人与小孩的娱乐天地。似乎也在印证“超市之多艰”这条真理性结论。

2. 物流之多艰：物流寂寞快递兴

物流业的兴盛繁华是一张地区经济活跃衰败的“晴雨表”。快递业的迅速崛起却是“虚拟世界”的现实写照。

由于交通的闭塞、区位优势的缺失、信息的制约、资金的约束，调研中发现，龙凤双城的“物流业”大多呈“放任自流”状态，“多艰”之态一览无遗：绝大多数情况不是“货找车”，而是“车等货”。调研中发现，龙凤双城的“物流业”虽然死气沉沉，但“快递”业务却非常繁忙，如圆通、申通、中通、韵达、顺丰等十几家快递公司的业务每天都应接不暇。快递业务员虽累得满头大汗，但心里却乐开了花。这是因为快递业“底薪加按件计酬”模式让他们乐此不疲：“辛苦我一个，幸福千万家”是他们想在心里、讲在口中、落实在行动上的响亮口号、坚定理念、行为支撑。

3. 保险之多艰：内外勤分离难持续

保险业是端坐塔顶的高层次服务业。保险业的本质体现了一人一地经济发展的丰歉亏盈程度。

以“寿险”为例。寿险一是让家庭财富穿上“防弹衣”、给家庭生活保驾护航。二是转嫁风险，把本应由个人自己承担的风险（车险、大病医疗等）转嫁给保险公司，让你的生活更加美好，过上有品位的“品质生活”。

笔者在调研中还发现，保险业最大的痼疾与顽症在于内勤与外勤的分离，即跑业务的展业人员与事故发生后的理赔人员的相互脱节：展业人员为业务发展，对客户只讲利益不讲（少讲）风险；而理赔人员则只讲责任不讲（少讲）恩惠（不讲人情味、缺少人文关怀）。由此带来了保险业之多艰。

龙山县发改局资料显示：2014年，龙山县服务业发展势头良好。全年实现服务业增加值30.9亿元，同比增长12.6%。

来凤县发改局资料显示，来凤县以“全国商旅文创新发展试点县”建设为契机，实现仙佛寺景区、喳西泰水城、杨梅古寨、百福司旅游名镇“四开”目标，全年接待游客102万人次，实现旅游总收入5.26亿元，增长46%。基本做到了“商旅文”融合发展。

同时，笔者从网上公布的《全国30个省市区上半年财政收支数据》中获悉，“受益于金融业、信息服务业等第三产业，京、沪、粤等地上半年财政收入增速靠前。……湖南省呈正增速趋势”。

综上所述，龙凤示范区之所以各项服务业不兴就是因为旅游业不旺。换言之，要振兴龙凤示范区的服务业就必须积极发展壮大以旅游业为活水源头的服务业。

二、旅游业兴则服务业旺

（一）以人为本“六转变”，倾力做好旅游业

以人为本是旅游业的核心和灵魂。服务于人、造福于人、获利于人、光大于人；真正做到“为了人的一切，一切为了人”。

旅游业六要素涉及六大服务行业，因此要切实关注人的六大感受，灵活巧妙地实现六大转变。

（1）吃——关注“舌”的感受，实现由“有吃、能吃”到“会吃、巧吃”的转变。

（2）穿——关注“身、心、眼”感受，实现由“能穿”到“会穿”的转变。

（3）住——关注“身、心”感受，实现由“能住”到“适住”的转变。

（4）游——大饱眼福，关注“眼”的感受。实现由“有看的”到“看好的”的转变；实现由“打马过桥”到“赏心悦目”的转变；实现由“来了就想走”到“流连忘返”的转变。

（5）购——关注“心”的感受，实现让游客由“徘徊观望”到“慷慨解囊、买了不后悔”的转变。

（6）娱——关注“耳”的感受，建好酒店、酒吧、歌厅、茶吧等，让游客大饱耳福、大饱口福、大饱眼福。

（二）全力扶持商业发展

笔者在实地调研中发现，龙山县全力扶持微型企业发展的良策有三：

（1）广设指导站，“筑巢引凤”铺设发展红地毯：对于创业者来说，微型企业是一个新生事物，创办微型企业需经过一系列的程序。为了让广大创业者能尽快了解掌握申办微企的手续，龙山县特地在全县所有工商所和部分大中专技校、社区、园区等创业人员相对集中的场所建立微型企业创业指导站，聘请创业指导员，为创业者提供政策咨询和相关信息，帮扶、指导申办微型企业。

（2）选好示范户，“凤引九雏”带出新兴创业群：为使更多创业者感受到开办微型企业所带来的效应，龙山县选取首批微型企业作为“示范户”，出台微型企业示范户标准，即“要有规范的企业形象标牌，要有明确的企业发展目标，要有健全的企业管理制度，要有合法的劳动用工保障，要有较好的企业经济效益”和“无违法违章行为”的“五要一无”标准。并切实加大微型企业示范户的典型引导，以先进典型为示范，积极引进一些新技术、新项目、新产品，全力打造微型企业精品工程，实现较好的微企经济效益，从而带动一批新兴创业群快速发展。

（3）创建特色街，“集凤筑巢”打造创富集聚区：目前，龙山县非公经济主体6万，适合创办微型企业的“八类人群”达5万人。为了进一步强化和培育龙山县非公经济新增长点，龙山县政府选取了微型企业入驻潜力比较大，且文化创意、民生性服务业相对集中的长沙路地下商业步行街作为微型企业特色示范街，研究出台相应的配套服务措施，实现微型企业的产业聚集和集中展示。

（三）大力发展文化创意产业

1. 用文化引领发展

文化是发展的根，根深才能叶茂。科学发展要以人为本，就是要用文化引领发展。

2015年7月由“奇创旅游规划咨询机构”设计通过的《龙山县里耶文化生态旅游景区旅游建设性详细规划》中把里耶文化生态旅游景区一分为三，即里耶文化生态旅游景区由里耶古城片区、乌龙山片区、惹巴拉片区组成。而引领三大片区生存发展的灵魂始终是深含其中的文化底蕴和设计理念。即极力寻找和深挖“山、水、石、林、田、屋”等自然资源的最佳组合，以便更好地为人民服务。

2. 用智慧带来实惠

民生要赚钱，赚钱是实惠，实惠靠智慧。“睡美人”只是里耶的一幅实实在在的“群山起伏、婀娜多姿”的美景。但潇湘电影制片厂用电影（影名就叫《睡美人》）的形式把它打造成了一种文化创意产业，为里耶旅游事业的蓬勃发展添砖加瓦。

3. 把创意变成生意

从产业与文化的结合角度而言，旅游就是一种“文化创意产业”、一种变“无形”为“有形”的产业。

（1）里耶古城片区。“里耶”是土家语开垦、耕耘土地之意，是土家族的发祥地。出土的秦简3万多枚。里耶古街大小商铺鳞次栉比，每条街道都可直通河码头，构成里耶古镇商通四海的繁华景象；里耶镇大板村发现西汉古城址和汉墓群。汉墓分布面积1平方多公里，麦茶战国古墓群分布面积约4平方公里。

里耶古城的设计理念是“梦回千年的时空穿越之旅”；总体目标由“柳坪小镇、里耶古城、大宋商街、水上秦郡、闲适土家”五大主题组成。每一主题都是“把创意变成生意”的经典案例。

（2）乌龙山片区。笔者从《里耶旅游修建性详细规划》中获知，八面山旅游共细分为六大景区。即大小岩门草甸游乐服务区、燕子洞景区、自生桥休闲园景区、笔架山水源地景区、西眉峡景区、背子岩景区。

空间布局的打造就是一种典型的文化创意。“背子岩”景区的文化创意最有代表性。“背子岩”原名叫“杯子岩”：“杯”说明岩之小、细、瘦，只有“杯子”大，一语道尽天机，毫无遐想之成分；而文化创意之巧妙就在于“字变音不变”。读音同样是“BEI”，文字却实现了由“杯”到“背”的转变。一字之变，充分体现了旅游文化创意之无穷、底蕴之深厚。“背”是动词，表示一种动作；“背子”表示背负的内容，背的不是别的东西，而是自己的儿子。试问，动乱年月里，荒山野岭中，峭壁岩石上，一个少妇背负自己的儿子干什么？给人以无穷的遐想。在此文化创意之下，于是就诞生了“放生池、娘娘庙、仙灵寺、仙灵庙”的大胆设想。意在打造一条有形的游客“朝圣祈福轴”和无形的游客“心灵皈依路”。由此可见，文化创意之功大矣、文化创意之妙巧矣，可以变枯为生、变死为活、化腐朽为神奇。

（3）惹巴拉旅游。惹巴拉“山水林田寨”五大资源诱发了三大设计理念：一是“临水”，即土家街道，临捞车河而设，听捞车河波声一片；二是“品寨”，即品原汁原味土家村寨，品历经风雨土家建筑，品神秘莫测土家风情；三是“归田”，即归隐田园，享有田园四时美景，出世而居。

在“临水、品寨、归田”的设计理念指导下，形成了“一带、一心、三片、多组团”的空间布局。惹巴拉的文化创意会更加声名远扬、更加实至名归。

总之，一业兴则百业昌，旅游业居功甚伟，为旅游业点赞，为服务业喝彩。笔者坚信：以旅游业为活水源头的服务业一定能使龙凤示范区的人民获得“幸福万年长”。

（执笔人：向　阳）

龙凤示范区特色文化与旅游产业融合发展探析

产业融合发展是经济结构优化的必然产物，可以提高区域之间的贸易效应和竞争效应，推动区域一体化。而特色文化与旅游产业具有天然的耦合性和共同的现实需求基础，符合产业融合发展的趋势，将特色文化融入旅游产业下发展，对旅游产业的发展起到全面提升的作用。武陵山龙山来凤经济协作示范区（以下简称龙凤示范区）是于2011年国务院批复《武陵山片区区域发展与扶贫攻坚规划（2011—2020年）》时明确设立的，包括湖南省龙山县和湖北省来凤县两个相邻县，该区文化旅游资源极为丰富。龙凤示范区要建设特色文化大区和全国最佳文化旅游城市，加快特色文化和旅游产业融合发展势在必行。

一、龙凤示范区特色文化与旅游产业融合发展的现实条件

（一）丰富的文化旅游资源

龙凤示范区深邃的人文历史文化内容十分丰富，有以里耶古城为主导的秦文化，以洗车河流域为主导的土家文化，以茨岩塘镇红色革命根据地旧址为主导的红色文化，以龙山、来凤两县名称为主导的龙凤文化，以太平山、仙佛寺为主导的佛教文化等，整合了龙凤示范区50多个国字号文化品牌，可以说，龙凤示范区这些独特的地域文化，成为发展旅游产业宝贵的优势资源。同时，还有里耶古城遗址、土家苗寨、古寨石林、古建筑、

古民居、历史名人等历史文化名城和民俗民风文化。此外，龙凤示范区境内旅游资源相当丰富，人文景观和自然景观交相辉映，有八面山空中草原、乌龙山大峡谷、惹巴拉风雨桥、酉水三峡等。

（二）良好的融合发展环境

随着经济社会的发展，人民生活水平的提高，追求包括旅游在内的高质量生活方式已被更多人所接受。习近平总书记曾要求，深入挖掘和阐发中华优秀传统文化讲仁爱、重民本、守诚信、崇正义、尚和合、求大同的时代价值，并正确处理继承和创新的关系，把创新的着力点放在从文化资源向文化旅游产品的转化上。随着《武陵山龙凤示范区发展战略规划(2011—2020年)》的实施，龙凤示范区作为武陵山重要的经济增长级及中心城市，充分利用与武陵山片区怀化、恩施、吉首、黔江等中心城市文化同源、山水相连、人文相近的优势，加快融入武陵山旅游区发展有很好的条件。随着龙山、来凤两县“旅游强县”发展战略的深入实施，对充分挖掘开发和合理利用人文旅游资源优势和发展文化旅游产业，提出了新的更高的要求。

（三）融合发展成效初步显现

经过多年的发展，龙凤示范区特色文化与旅游产业融合发展成效初显，大力挖掘龙凤和土家文化，努力彰显文化魅力，打造五色龙城、龙凤广场，作为土家文化的发祥地，致力抢占土家文化制高点，发扬传承土家族摆手舞、土家族打溜子、土家族毛古斯、土家族梯玛歌、土家族咚咚喹等土家文化；开发保护古民居文化，丰富历史文化名城内涵，比如，捞车河村是土家民俗文化和土家建筑保存最完好的一个村寨，捞车河村现保存有明代建筑5栋、清代建筑58栋、民国建筑34栋，另有土家风雨桥、冲天楼、摆手堂、榨油房等特色建筑；以节会为载体，把“龙凤示范区土家文化旅游节”培育成旅游知名品牌，比如，“舍巴日”是土家族的重要传统节日，每年举办的时间是立春过后的第五个戊日，2015年5月在洗车河镇举办了“舍巴日”，洗车河流域的土家儿女四方汇集，齐聚大摆手堂，上演了梯玛、打溜子、咚咚喹、大摆手、小摆手等各种节目；发挥宣传优势，挖掘特色文化内涵，龙凤示范区先后在《光明日报》《湖南日报》、红网、新浪网、《团结报》等各级各类主流媒体上宣传了土家文化和特色文化，比如，2015 年 2 月湖南卫视新春走基层直播惹巴拉，中央电视台、新华网、搜狐网、网易、《湖南日报》等中央、省媒体第一时间报道了惹巴拉盛况，还拍摄了电影《惹巴拉女人》，等等。

二、龙凤示范区特色文化与旅游产业融合发展面临的主要问题

（一）现行管理体制不够合理

龙凤示范区地跨湖南、湖北两省，存在行政壁垒障碍，示范区的建设主要是依靠两县在任的领导人互相承诺达成共识而进行的，只建立了非制度性合作协调机制，一旦其中一县领导人调动，由于这种机制缺乏约束力，很容易被架空，两县在建设过程中很大程度上都是按照自身发展和实际需要开展工作，而不是从整个“龙凤”区域发展的总要求出发的，还没真正跳出“龙”“凤”这个圈子，缺乏宏观性、整体性。

（二）文化旅游基础设施滞后

目前来讲，示范区旅游通道不发达，贯穿于示范区的吉恩高速公路、黔张常铁路正在建设中，龙张高速公路正处在前期审批阶段，没有高铁、飞机等便捷的交通工具，通往外界便利的交通网还没有形成，主要景区景点比如里耶古城、仙佛寺、乌龙山大峡谷、八面山空中草原等连接交通干线公路、景区停车场、环卫设施、垃圾处理、旅游公共厕所、旅游公路路标路牌、游客服务中心、旅游安全等基础设施都存在不足。

（三）文化旅游资源挖掘不够

龙凤示范区是由两个少数民族县组成，民族文化旅游资源极其丰富，有土家族“摆手舞”、土家织锦“西南卡普”等民族舞蹈、土家节日“舍把日”等，还有土苗村寨、曲艺表演、服饰、饮食和绝技等，此外，还有秦文化、红色文化、佛教文化等，但仅仅只有很少一部分得到开发利用，摆手舞等缺乏展示的平台和载体，民族文化资源产品开发存在表面化现

象，缺乏创意，重点不突出，离发展成熟还很远，没有形成带动示范区旅游的特色产品。

（四）文化旅游产业竞争力弱

旅游产品开发缺乏科学统一的发展规划，存在旅游资源保护缺失、粗放型旅游开发和低水平重复建设等现象，旅游产品多以小作坊生产为主，无龙头企业，无规模化生产和经营，多数产品仍处于自然经济状态，旅游产品附加值不够，没有形成特色旅游商品品牌，加之对于如乡村度假、农家乐、乡村民俗文化等高档次旅游产品开发不够，对秦文化、土家文化、红色文化、佛文化、龙凤文化内涵的挖掘、整理、运用等工作做得不够，很难形成具有竞争力的旅游产业链。

三、推进龙凤示范区特色文化与旅游产业融合发展的对策建议

（一）理顺管理体制，采取多方举措，夯实融合发展基础

一要建立协调机构。建立龙凤示范区特色文化与旅游产业融合发展的协调机制，并形成制度，两县共同策划和编制两大产业的规划、方案，共同规划文化旅游产品、深挖历史文化内涵等；同时，强化部门合作机制，建立两县文化、旅游等单位参加的两大产业融合发展领导、协调机构，克服多头管理、责任不清及推诿扯皮等问题，始终坚持“一盘棋”的工作思路，集中力量办大事，形成统一领导、部门联合、上下联动的协调推进机制。

二要加大政策扶持。争取在湖南、湖北两省旅游重大项目规划、安排等方面向龙凤示范区倾斜，在文化旅游银企对接、招商引资等活动中重点考虑龙凤示范区；不断完善两大产业扶持政策，全面落实在税收、土地、金融、人才等方面的优惠政策，重点制定投资优惠政策，强化财政扶持，吸纳社会资本，建立融合发展的投融资体系，支持两大产业融合项目和企业建设；同时，争取在吉首大学、湖北民族学院等有关院校设立两大产业融合发展相关专业，定期培训从业人员，探索实行导游考试降分优惠政策，保障龙凤示范区导游专业人才需求。

三要加强人才建设。围绕两大产业融合发展着重培养行政管理、经营管理、服务技能、导游及“非遗”传承等5类人才队伍，可以与吉首大学、湖北民族学院等院校建立联合培养机制，建立政企学研一体化发展渠道，定期组织两大产业从业人员进行业务培训，努力培养一支高素质、专业化的人才队伍；同时，加强对高层次人才的引进和培养，重点加大对策划创意、经营管理及市场营销等人才的引进，进一步完善人才的激励保障机制，允许有特殊才能的专业人才和管理人才以各种方式参与收益分配，确保人才引得进、用得好、留得住。

（二）挖掘特色文化，整合旅游资源，完善融合发展措施

一要编制景区规划。打破两县行政界线，强调市场消费需求的共性，突出两大产业融合发展，始终坚持规划先行的思路，加强顶层设计，从发展思路、项目开发、服务设施配置及景区主题打造等诸多方面编制景区规划，可以编制《龙凤示范区特色文化与旅游产业融合发展总体规划》，深入挖掘和充分体现景区特色文化内涵，使规划成为促进两大产业融合发展的重要路径；同时，把顶层设计与湖南、湖北两省总体布局无缝对接，形成统一的发展规划，串联整合示范区特色明显、文化资源相近的景区，着力打造两大产业融合发展的板块优势。

二要定位特色文化。深入挖掘和提升两大产业融合发展的“资源概念”和“主题概念”，在继承传统文化的基础上，进一步挖掘示范区深厚的龙凤文化、秦文化、红色文化、土家文化、节庆文化、饮食文化等；并充分运用示范区文化资源的特色优势，让特色文化在旅游产业中催生动力、增添活力和凸显魅力，打造独具文化魅力和生命力的品牌旅游目的地；同时，通过举办一系列的旅游节庆活动或建主题文化公园来显示博大精深的秦文化、红色文化、土家文化、佛教文化等文化内涵，创建集秦文化、红色文化、土家文化等文化于一体的国家级景区。

三要开发特色产品。借助文化精品，大力开发特色文化旅游产品，依托土家族发源地、民族民俗、洗车河流域，积极开发土家宗教、土家音乐、土家舞蹈、土家艺术、土家服饰、土家饮食、土家建筑等系列旅游产

品；借助里耶古城遗址品牌，开发“秦简”等秦文化系列产品；依托仙佛寺、太平山，开发佛头、祈福带、祈福牌等祈福系列产品；大力弘扬龙凤文化，开发龙凤呈祥等系列相关的旅游商品，凤头姜、大头菜、霉豆腐、腊肉、十字绣等地方特产，切实提高旅游产品的特色文化魅力。

（三）打造特色品牌，装点景点景区，拓展融合发展广度

一要抓好品牌宣传推介。借助文化品牌，通过湘西龙山·西安临潼秦文化之旅、土家文化旅游节等节会活动，重点加大“里耶古城遗址”和“惹巴拉”两个主打品牌的宣传推介，特别是可以举办仙佛寺、太平山祈福文化旅游节，进一步扩大示范区文化旅游对外知名度和美誉度；并依托特色文化资源，将特色文化内涵融入旅游品牌建设之中，合力打造共享型文化旅游品牌，构建旅游区、景区、景点三级旅游品牌体系；同时，探索“互联网+”模式，与58同城网、携程网等合作，游客可直接在网上购票等，带动媒体宣传推介的积极性。

二要强化景区景点建设。重点支持里耶古城、洗车河流域、八面山、仙佛寺、太平山等精品旅游景区的建设；并加快转变旅游发展方式，加大对旅游资源的挖掘整合和特色文化资源的开发利用，试点探索创建符合示范区实际情况、具有创新意义的文化旅游镇（村），精心规划建设旅游餐饮一条街、民俗表演一条街、文化集市等特色文化市场；同时，在旅游重点乡镇（村）、主要景区及星级乡村旅游接待点修建旅游公厕、停车场旅游接待点及在主要街道、十字路口、旅游公路沿线交叉路口等安装旅游指示牌，为广大游客提供便利的指引服务。

三要开展精品旅游路线。围绕“秦文化、度假养生、生态休闲、农业观光”等文化元素，着力开发以里耶古城遗址为主的秦文化旅游精品线路，以太平山、仙佛寺、杨梅古镇、乌龙山大峡谷为主的生态休闲文化旅游精品线路，以八面山空中草原为主的度假养生文化旅游精品线路，以里耶比耳脐橙产业园为主的农业观光文化旅游精品线路；同时，以惹巴拉为龙头，沿酉水流域串联洗车、惹巴拉等土家寨古村落，打造土家族生态文化乡村游精品线路，并积极对重点民族特色村寨进行保护整治，结合其自

然生态、原居环境、文化遗存，开展各具特色的以体验性旅游活动为主题的精品游路线建设。

（四）拓展资金渠道，实施项目带动，提升融合发展深度

一要探索旅游扶贫。围绕全面脱贫奔小康，编制旅游扶贫全域规划体系，支持旅游产业发展成为脱贫主业，实施“富美乡村”旅游扶贫工程，投资农家乐“改厨改厕”，积极开展旅游商品进星级乡村旅游接待点和“非遗”进景区活动；并加快旅游市场开放开发，引进知名文化旅游投资公司及开发公司投资旅游领域，扶持培植一批市场主体、打造一批大牌景区；同时，扶持贫困群众开展旅游创业就业，探索以旅游资源、扶贫资金等入股参与旅游开发，提高旅游扶贫的精准度。

二要加强招商引资。着力实施项目带动战略，精心策划和重点开发一批具有代表性的特色文化旅游精品项目，制定招商引资宣传册和宣传名片，为投资商了解示范区、发掘示范区文化旅游潜力提供了重要的媒介，以便与投资商进行有效的对接；并加大引资力度，大力支持诸如重庆汇邦集团等这样的重量级旅游企业在示范区建设更多的特色文化旅游项目；同时，优化引资软硬环境，以“咬定青山”之信念紧跟招商线索，力促项目资金落实到位。

三要引入社会资本。推动两大产业融合发展，光靠政府是不够的，大手笔地建设示范区特色文化旅游项目还需要引进战略投资者；并加快培育自主经营、自负盈亏、自我发展、自我约束的骨干文化旅游企业，可以通过引进和设立相关的风险投资基金来鼓励特色文化企业和旅游企业融合，鼓励特色文化旅游企业合并或重组，进行股份制改造，对于具备条件的特色文化旅游企业，可以鼓励和引导其面向资本市场上市融资来加速扩展；同时，通过 PPP 模式推进特色文化旅游产业园区建设，形成产业集群优势，推动两大产业融合发展上档次上规模。

（执笔人：向云萍）

龙凤示范区农村环境治理存在的问题及对策探析

党的十八大报告首次单篇论述生态文明，首次把“美丽中国”作为未来生态文明建设的宏伟目标。建设美丽中国离不开美丽乡村，天蓝水清空气好本该是中国乡村的本色，但现实的情况是许多农村不同程度地面临着环境问题。笔者通过对龙山县、来凤县10个乡镇40个乡村调查走访发现，随着新农村建设的不断推进，农村面貌日新月异，农民生活水平明显提高，然而，由于种种原因，农村环境不容乐观，成为影响农村人口健康的隐形杀手。党的十八大报告强调，要以解决损害群众健康突出环境问题为重点。农村是生态文明建设大系统中不可忽略的重要组成体，是实现生态文明建设奋进目标的重点。因此，农村环境问题事关广大农民的切身利益，事关全国人民的福祉，事关国家的可持续发展。笔者以随机抽样、现场查看和走访座谈等形式，就农村垃圾收集处理、农村生活污水处理、饮用水源保护等方面进行调研，情况及思考如下：

一、龙凤示范区农村环境现状

（一）生活垃圾收集处理

据测算，龙山县农村年产生垃圾5.9万吨。为加强环境治理，龙山县结合城乡同建同治工作，成立了以县委书记任组长的城乡同治工作领导小组，每年投入资金1000多万元强化县域环境治理，全县建成垃圾焚烧炉

34 座、各种垃圾收集池 1066 口、各种垃圾焚烧池 5167 口，发放垃圾桶 65820 个，集镇组建了保洁队伍，各行政村安排了保洁员。目前，34 个乡镇（街道）中，有 28 个乡镇用垃圾焚烧炉对垃圾进行焚烧处理；民安街道、华塘街道的所辖村，和新城街道、石羔镇部分村的垃圾拖运到县垃圾填埋场填埋；里耶镇自建有垃圾填埋场处理垃圾；洗洛乡采用空地临时堆放。全县仅里耶镇、召市镇和石羔镇 3 个乡镇有垃圾专用清运车辆外，另外 28 个乡镇均采取临时租用或承包方式进行垃圾清运，其他垃圾处理专业设备更加紧缺。垃圾收集处理设施主要集中在集镇及集镇附近部分村庄，纳入集中收集处理的村约 80 个，占乡村庄总数的 19.3%，75 个远离集镇村没有任何设施，除纳入县城垃圾填埋场覆盖范围村庄外，342 个村垃圾自行处理，处理以农户自行焚烧为主，占总村庄数的 80.7%。农村配备垃圾池、焚烧池因臭气大、蚊虫多，60% 被破坏，距离农户近的基本被破坏；农户对垃圾基本没有进行分类处理，规范处理面小。

（二）畜禽养殖污染

龙山县农村畜禽养殖向专业化、规模化发展趋势明显，全县有专业养殖户 906 户，养羊户 637 户，存栏 80534 只，养牛户 155 户，存栏 3401 头，生猪养殖户 114 户，养殖生猪 17267 头，养殖场年产生养殖粪便 123727.48 吨。农村养殖散户占总农户的 5%，存栏生猪 15000 头左右，耕牛养殖 3500 头左右（为鼎盛时期 10%），散户养殖年产粪便 63970 吨。为加强畜禽养殖污染治理和实施农村清洁能源工程，2001 年来龙来两县建设户用沼气池 40000 余口，建设中型沼气池 100 余户、大型沼气发酵罐 2 座，实施养殖栏舍标准化改造 100 余户，9.5% 的养殖户养殖废水经沼气池初步处理，90.5% 的养殖粪便未经处理，99.8% 的专业养殖户未开展养殖粪便有效利用。没有处理设施的养殖户在人户集中区的趁下雨天将粪便直接舀到小河沟排放，交通不便处的养殖户由其自然溢出。由于农村畜禽养殖向专业化、规模化方向发展，95% 的散养农户不再养殖生猪、耕牛剩余不到 20%，95% 左右的户用沼气池停用。现场询问农户，如果使用方便，他们还是愿意用沼气池的沼液、沼渣浇地，对作物和土地好处明显。

（三）饮用水源保护

据调查，龙来两县有饮用水源1890处，自2006年来投入资金2亿元左右，实施安全饮水项目500余个，建立蓄水塔（池）500余座（口）。龙山县1290个饮用水源中仅2个饮用水源保护区（县城饮用水源和里耶镇饮用水源），占总水源数的0.15%，1个水源（县城饮用水源）设有管理机构、树立了保护标牌、开展了水质监测，占总水源数的0.07%。99.85%饮用水源没有划定水源保护区，没有水源管理机构或管理人员，99.93%的水源没有工程保护措施、没有开展水质监测，农村水源保护处于无意识状态，水源受生活用水、生活垃圾、生产废水、养殖废水及其他小型作坊加工废水影响大。

（四）农作物秸秆利用

据统计，龙来两县年产农作物秸秆90万吨左右，可收集量70万吨左右。农作物秸秆利用基本采取就地焚烧、就地丢弃、少量用作饲料和村民生活用柴，回收利用率不到10%，红薯、马铃薯等少数为养殖户用作青饲料，大部分被丢弃。

（五）生活污水处理

据测算，龙来两县农村年产生活污水1800万吨，生活污水处理率为3.8%。随着农村住房条件改善和自来水普及率提高，农村厕所逐渐为水冲式厕所取代，目前水冲式厕所占农村厕所60%，化粪池粪便经水冲后，肥效低，农户基本不用于浇地，废水经初步处理后自然溢出，旱厕粪便少量用作农肥，大部分满后自然溢出，或下雨天人工舀出导入水沟随雨水排出，这已成为农户及基层干部认可的污水排放方式。

二、存在的问题及原因分析

尽管龙来两县做了大量行之有效的农村环境综合治理工作，但是治理整体效果没有凸显。综合分析原因如下：

（一）工作管理体系不到位

一是管理职责单一。农村环境综合整治工作涉及内容多，涵盖面广，但龙来县农村环境整治工作队伍主要由乡镇干部、村主干和乡、村专职保洁员等组成，基本上局限于垃圾收集处理，还停留在卫生保洁的简单层面。工作目的立足于迎检，工作开展多以突击性保洁为主。看似上下齐抓，实际上各自为政，治标不治本，长效难以保障。

二是处理方式粗犷。对生活垃圾没有进行科学有效的分类和处理、没有统一规划，集镇以集镇处理，村以村处理，有填埋、有焚烧、有简易堆放、有定点集中处理、有定期清运至乡镇处理站集中处理还有定期定点焚烧和简单填埋处理的，只解决视觉污染问题，没有起到资源循环利用和零污染处理的目的，各种资源得不到整合，发挥不了市场效益，同时粗犷的处理方式产生二次污染隐患。对畜禽养殖、生活污水等处理没有从污染源头控制，基本上就靠打扫。以前建设的沼气池等设施因多为单户处理，所需发酵物质过少，产气少不适用而弃用。现专业养殖户逐年增多，但流动性大，多数为节约成本没有建处理设施直接排放。农作物秸秆利用，基本是焚烧或丢弃浪费太大，且污染重。农村供水基本只注重供水设施，水源保护设施十分简单或者没有。

三是设施五花八门。由于没有专门的管理机构，乡镇（街道）工作管理方式不规范，设施建设不标准。处理设施有砖混结构焚烧炉、焚烧池、水泥管焚烧池，有垃圾池、垃圾箱、垃圾屋、垃圾桶、可卸式垃圾箱，每个村都不一样，设施本身与环境就不协调一致。运输车辆有专用车、农用汽车、变形拖拉机、三轮车，还有斗车、板车，有的还仅靠塑料袋。因陋就简，怎么节约怎么建。

（二）村民环保认识不到位

农村村居环境的建设还相对滞后，村民环保意识相对薄弱，没有意识到传统的生活垃圾处理已不适应现代社会的发展，对农村环境中新的污染源束手无策，随意处理。

一是环境价值遭到忽视。龙来两县境内生态良好，但因大部分村都是建设扶贫的主战场，农民只关注吃穿住，对青山、绿水、蓝天的环境潜在综合价值认识不够，依靠生态环境的衍生经济形式少，生态效益得不到充分发挥。有的为确保直接的经济价值，甚至任意破坏生态环境。

二是传统习惯没有更新。调查发现，落后地区的农村还在沿用最原始的环保方式，建房、建牛栏羊圈等依然是传统方式，雨污分流、分级化粪池、新能源利用等现代理念没有体现。现在农家肥用量少，长期堆积污染严重，下雨到处是粪水，天晴到处是蚊虫。生活垃圾的处理习惯了随意倾倒，他们没有意识到现代的生活垃圾危害物质较多，大自然无法自我消化，会对环境安全造成严重的影响。现在两县通过专项工作加大了环境保护意识的宣传，但深层次的认识还不能到位，环境综合整治概念等同于搞卫生。而且由于农村基础设施薄弱，样板的带动作用有限，从而使他们缺乏形成环保意识的大环境，环保意识非常落后。

三是公共保护意识不强。农户庭院里一般都打扫得很干净，但公共区的环境没有人主动维护，再脏再差都看得惯忍得了。倒垃圾后门一开倒下坎就行，污水一出院子就乱流，危废物品保管和处理更无从谈起，田间地头经常发现。每年两县要花费近千万元对各村生活垃圾收集处理工作进行督导管理，形成了县里督、乡镇管、村里抓的良好局面，但村民始终认为与自己关系不大，公共区就是政府的责任，一旦放松管理，局面立马反弹。

（三）资源循环利用不到位

龙来两县的农村正处于传统的良性资源循环利用链被新的生产生活方式打断，新的资源循环利用链还没有真正形成的真空期，处理技术的落后以及循环利用系统的不完善导致产生的污染物不能得到有效的处理和利用，难以发挥最大经济效益。

一是没有需求利益驱动。因农村劳动力多外出，农肥算上人工使用成本比化肥使用成本高，使用又不便捷，农民在普遍知道农肥比化肥好的情况下，考虑到成本和使用方便都宁愿使用化肥。调查区域农肥利用率仅为10%，90%的农家肥被直接排放。农作物秸秆卖不成钱，拿回家利用价值不高，现仅仅10%用作薪柴，90%回田或者焚烧，造成资源浪费，同时又污染环境。对于那些处理难、价值低的危险废物更是无人问津，随意丢弃。

二是没有专业技术指导。农村老套处理模式基本废弃，不能达到以前的处理效果，然而面对新的污染问题的产生，落后的农村缺乏成熟实用的技术，从户集中到村如何处理加工农肥方便利用，秸秆如何集中利用产生价值，对新产生的垃圾性质缺乏了解，垃圾无法分类处理，群众对这一切都是茫然不知所措。虽然政府在这方面的引导不是空白，但力度远远不够。

三是没有运行经费保障。综合利用成本高，需要一定的引导资金，确保最基本的基础设施建设和运行费用补贴。农作物秸秆综合利用、畜禽养殖农家肥加工等可以有效提高利用价值，实现循环利用零排放，但经济效益不足以打动投资者加大投入，在相当长的时间内都需要政府的扶持。调查区域100%的村庄垃圾集中收集处理设施不健全、不规范、不匹配，运行不正常，资源化程度不高，客观上造成垃圾收集分类处理难到位。农村的电子设备、干电池等危险废物只有靠政府收购，否则都是随意丢弃，没有得到处置。

（四）污染源头控制不到位

目前龙来两县还没有建立科学的农村环境综合管理体系，对治污污染源头缺乏有效的监管和引导。

一是山区农村居住分散。山区房子多靠山边、田边、土边、水边，很少形成人口密集的自然寨，同时因为群众认为环境容量大，山里倒垃圾、田里丢药瓶、水里排粪便天经地义，造成污染源比较分散的现状，政府集中建设处理成本较高，管理到位也很难。

二是农村环保管理缺位。农村居住分散，村民环境意识不到位，加上工作人员严重缺乏，管理工作难以跟上步伐，监督管理难度大。农村未批先建、边批边建的现象基本杜绝，但是对农村项目选址、环保设施建设没有实施有效的监管，特别是私人建房和小规模的养殖失控，没有与治理污染源头相结合。项目选址很随意，一旦建成再要求关闭、搬迁或治理难度特别大。

三是现代垃圾涌入农村。随着广大农村生活水平的提升，农村生活垃圾总量和结构也在发生变化，特别是塑料包装、塑料袋大量涌入农村，这些“白色垃圾”难以自然消纳，在村庄里随处可见，成为破坏村容村貌的罪魁祸首。如果这些垃圾处理不当，特别是露天焚烧，会给自然环境带来极大污染。

（五）部门协调配合不到位

环境问题已经成为社会的关注重点，但是环境问题治理又是极为复杂的工作，牵扯面广涉及各行各业，各方之间的协作很难协调到位。

一是部门协作难以破解行业瓶颈。涉及到的农村环境整治部门多，没有形成良好的统一规划、共同管理、协作治理的协调机制。各部门有各自的责权利划分，部门的工作规划和工作重点分明，管理规范，但与农村工作实际情况不符，部门之间不能相互融会贯通办大事，抱团取暖不足。在治理技术上各行其是，相互之间不配套，也没有统一的后续管理，综合效果难以体现，建设的设施闲置严重。

二是部门资金整合难以实现统筹。农村环境综合整治，关键在投入，而这恰恰是龙来两县目前面临的最大问题，资金需要多方位筹措。目前，每年涉及农村环境综合整治的涉农资金达亿元，但资金使用专款专用，规划不能随意调整，新农村建设各自为政，没有有效整合形成合力，重复建设现象或者遗漏现象严重，工作分散脱节，设施不相匹配，工作效果难以显现，资金使用效率低浪费大。

三是农村环境治理本级财政投入不足。县级财政财力紧张，难以支撑污染治理需要，对农村环境整治费用主要采取县、乡镇（街道）财政分担解决，而落后地区县财政困难，乡镇（街道）财力更加有限，只能在一定范围内做重点工作，再加上农村的基础设施不健全，使得农村环境问题的解决措施得不到有效落实。

三、龙凤示范区农村环境治理对策

要彻底解决农村环境存在的突出问题，必须按照生态循环利用理念，从四个方面入手，建立规范化、系统化、效益化、实用化的管治综合体系。

（一）构建政府主导的监管体系

1. 将农村环境管理职能明确到政府机构

由于我国很多地区的农村经济发展水平较低、财政困难、缺乏专业技术人员，多数地区的农村环境管理机构建设十分匮乏和滞后，这是造成环境污染比较严重的重要原因。因此，加强农村地区环境管理的机构建设是一段时间内农村环境管理工作的重要方面。政府部门不仅要起到引导和督促的作用，而且必须划清管理责任，作为日常工作长效管理，确保环保落到实处。通过编制机构在县、乡镇（街道）设立专门机构明确职责，并配备专业管理人员履责。村级设立环境保护专干加强日常监督和管理。两县县委、县政府成立环境整治协调领导小组，负责两县环境整治的统一规划，统筹安排各成员单位的项目资金，处理较为复杂的环境问题。形成“县统筹、乡主导、村落实”的主导格局。

2. 建立科学的总体规划规范农村基本建设

首先要制定整区推进的环境规划，有效配置各项资源，充分发挥资金的集聚效应。利用龙凤示范区这一平台，争取政策上的突破，将两县涉农资金整合打捆，实现“四个结合”：农村环境综合整治与基本农田改造项目相结合，与农村新能源开发相结合，与农业结构调整和农业现代化相结合，与美丽乡村建设相结合。规划要坚持协调乡镇社会经济发展与生态环境保护的关系，防止污染向农村蔓延、扩散，保护农林牧副渔生态环境和自然生态环境，使自然资源得到合理开发和永续利用的原则。

其次是各乡镇（街道）的环境规划，达到各部门项目与总体规划有机结合，分部门实施。乡镇工业应扎根于农业，重点发展支持和带动农业生产的项目，如农产品的加工、运输、储藏、包装、代销等产前、产后服务业。严禁建设污染环境的乡镇（街道）企业，切忌出现“村村点火，家家冒烟”的现象。同时各村都要有大致的住居区、建设区、耕作区、养殖区和饮用水源保护区等区域环境规划，并以村规民约形式予以公告，制定各功能区域建设内容，建设要求，建设项目办理程序，两县政府请专家统一设计生活污水、养殖废水处理等设施建设的标准图纸在农村予以推广，并严格监督落实。

3. 建立形式多样的农村环保机制

通过制订村规民约、召开村民代表大会、开办环保学校或成立环保协会等方式，组织村民参与项目运行和管理，探索村民自治与政府支持相结合的运行和管理机制。加强乡镇（街道）环保监管能力建设，在综合治理示范村探索建立农村环境监测、环境执法、环境宣传“三下乡”制度，以点带面，整体推进。

（二）构建人人参与的教育体系

农村环境综合整治，主导是政府，主体是村民，以贴近实际、贴近生活、贴近群众为原则，多措并举，切实加强对农村环境综合整治的宣传。

1. 以专题活动为载体

以环保知识进乡镇、进农村、进学校、进家庭的“四进”活动为载体，进一步健全环境保护农民群众参与机制，倡导和激励农民群众从身边事入手，为人们环保意识的形成创造良好的环境氛围。

2. 以生态创建为平台

积极引导绿色学校、生态村、环境优美乡镇创建活动，推进农村污染治理。结合新农村建设和美丽乡村建设，深入开展农村环境综合整治，着力改善村容村貌，逐步消除“垃圾乱倒、粪土乱堆、柴草乱垛、畜禽乱跑”的乱象。

3. 以纠纷调处为契机

快速、公正、高效查处环境纠纷，及时解决农民群众的环境诉求，着力解决危害农民群众切身利益的水、气、噪声等环境热点难点问题，激发农民群众参与环保工作的积极性。

（三）构建科学标准的设施体系

按照物质循环理念，重新构建农村物质能量平衡系统，在新的平衡系统中实现资源综合利用。

1. 垃圾收集处理系统

建立乡镇统一运行的垃圾收集处理体系和运转方式：（1）农户将可回收垃圾、危险废物交村废旧储存室暂存—定期运送至乡镇废旧回收中心（定期上门收购）—（危险废物）定时送县处置中心处置，可回收废旧物品直接进入市场；（2）农户将有机垃圾、渣土就地处理；（3）农户将不可回收垃圾投放至封闭式垃圾屋临时存储—由压缩垃圾车定期清运—至垃圾焚烧站—垃圾二次分选（可利用的由废旧收购中心收购、不可利用的作焚烧）—垃圾焚烧灰烬经筛分加工农肥回田；（4）危险废物定期回收至县危险废物处置中心处置。

2. 畜禽养殖粪便综合利用系统

畜禽养殖粪便利用运行方式：（1）交通便利的养殖户（场）修建雨污分流沟及储粪池—吸粪车将粪便定期清运至村内沼气发酵罐产沼气—三沼利用（沼气就地供农户生活用能或公共场所照明、沼渣沼液定期送至耕地农肥储肥池用施肥管道输送至耕地做肥料）；（2）交通不便养殖户（场）修建雨污分流沟，配套沼气池，养殖粪便经沼气发酵—三沼利用（沼气就地供养殖户生产生活用能、沼渣沼液定期用水泵抽取浇地或牧草施肥）。

3. 农作物秸秆综合利用系统

对村内主要耕作区作物秸秆开展综合利用，利用方式为作物秸秆生物质燃料加工。农作物秸秆运送至生物质燃料加工厂——生物质燃料代替生活用煤。

4. 生活污水处理系统

（1）农村风景旅游区核心景区、饮用水源保护区集雨区内、重点景观用水区域等敏感区域分散农户，农村带餐饮、住宿、农家乐等经营性农户，采用四池式污水处理系统处理；（2）传统村落建设人工湿地处理生活污水；（3）村内建设中型沼气发酵罐，农户化粪池、旱厕、小型养殖散户粪池、农村带餐饮、住宿、农家乐等经营性农户化粪池定期抽出进入发酵罐，沼气供给农户或公共场所作燃料，农户化粪池进行节水改造、生活污水与化粪池废水分开，厨房废水农户自建隔油池处理后会同洗浴、洗涤废水、直接排放至附近田地或山塘采取自然净化。

5. 饮用水源保护建设

对饮用水源划定保护区范围，树立保护标牌，建设水源防护栏、截污沟，对重点水源保护区范围内农户、养殖场等污染源实施搬迁或治理。

（四）构建市场运作的处理体系

1. 市场结构的搭建

采取承包的形式，村级承包负责运行收集，乡镇（街道）负责入村收购和转交县级，县级负责处理。村一级承包户按照政府制定的价格卖给本乡镇承包商，乡镇和县级承包商可根据垃圾的市场价值高低自由进入市场，价值较低的由政府补贴后统一进行处理。

2. 市场利益的分配

坚持村级公益化，政府补贴；乡镇、县级市场化，自负盈亏。村级承包户按照垃圾分类要求收购村民的垃圾，每户村民都设立一个账本，按所交来的垃圾种类和多少计分，然后按一分值多少钱每季度兑换一次并公示，对得分较高的给予日常用品等物质奖励。乡镇级承包商按村级承包户要求上门收购垃圾，严格按照政府划定价格与村承包户进行现金交易。

3. 独立市场的管理

危险废物的收集和处理严格管理，制定严格的管理制度，对违反规定的承包商从重处罚，情节严重的追究法律责任。农作物秸秆回收加工在两县采取招投标方式确定几家，由林业主管部门主抓，生产的生物颗粒原则上不准出两县交易。同时设立卫生保洁，农肥回收利用等公益性项目，主要由政府承担运行费用，根据各地条件逐步推向市场。

（执笔人：唐大成　杨沧海　谭秀丽）

附录一

国务院关于武陵山片区区域发展与扶贫攻坚规划（2011—2020 年）的批复

（中华人民共和国国务院　国函〔2011〕125 号）

湖北省、湖南省、重庆市、贵州省人民政府，扶贫办、发展改革委、国家民委：

扶贫办、发展改革委《关于报请审批武陵山片区区域发展与扶贫攻坚规划（2011—2020 年）的请示》（国开办发〔2011〕88 号）收悉。现批复如下：

一、原则同意《武陵山片区区域发展与扶贫攻坚规划（2011—2020 年）》（以下简称《规划》），请认真组织实施。

二、武陵山片区集革命老区、民族地区和贫困地区于一体，是跨省交界面大、少数民族聚集多、贫困人口分布广的连片特困地区，也是重要的跨省经济协作区。《规划》实施要深入贯彻落实科学发展观，按照“区域发展带动扶贫开发、扶贫开发促进区域发展”的基本思路，着力加强基础设施建设和生态建设，着力培育特色优势产业，着力改善农村基本生产生活条件，着力促进人力资源开发，着力发展社会事业，着力加快体制机制创新，将武陵山片区建设成为扶贫攻坚示范区、跨省协作创新区、民族团结模范区、国际知名生态文化旅游区和长江流域重要生态安全屏障。

三、《规划》实施要把连片特困地区扶贫攻坚与跨省合作协同发展有机结合起来。到2015年，区域内良性互动的运行机制与体制初步形成，以旅游业为重点的特色优势产业加快发展，交通等基础设施骨架基本形成，公共服务能力显著增强，生态环境质量得到改善，人民生活水平得到提高。到2020年，稳定实现扶贫对象不愁吃、不愁穿，保障其义务教育、基本医疗和住房；基础设施日趋完善，基本公共服务接近全国平均水平，生态系统良性循环，产业发展结构优化，区域一体化协调发展，率先实现连片特困地区区域发展与扶贫攻坚目标。

四、湖北省、湖南省、重庆市、贵州省人民政府要切实加强对《规划》实施的组织领导，健全工作机制，落实工作责任，按照《规划》确定的指导思想、战略定位、发展目标、空间布局和产业发展重点，组织编制本省和片区内各县（市、区）的实施规划，确保各项任务和政策措施落到实处。要建立武陵山片区发展跨省协调机制，打破行政分割，发挥比较优势，实现资源共享、优势互补，促进交流合作。

五、国务院有关部门要按照职能分工和具体任务，加大对武陵山片区区域发展与扶贫攻坚的支持力度，在政策制定、资金投入、项目安排等方面给予倾斜。要加强部门间的沟通，统筹研究、指导和帮助地方解决工作中遇到的困难和问题，合力推进《规划》实施。

六、扶贫办、发展改革委要加强对《规划》实施的指导、协调和督促检查工作，会同湖北省、湖南省、重庆市、贵州省人民政府组织开展《规划》实施评估。国家民委作为武陵山片区扶贫攻坚试点工作的联系单位，要深入调查研究，加强沟通协调。加强《规划》与国家总体规划和相关专项规划的衔接。

加快武陵山片区区域发展，加大扶贫攻坚力度，对于深入探索连片特困地区扶贫攻坚新路子，促进民族团结和社会和谐稳定，实现国家总体战略布局和全面建设小康社会的奋斗目标，具有十分重要的意义。各有关方面要统一思想，坚定信心，创新机制，密切协作，打好新一轮扶贫攻坚战，努力实现武陵山片区经济社会又好又快发展。

中华人民共和国国务院

二〇一二年四月二十五日

主题词：经济管理　扶贫　规划　武陵山区△　批复

抄送：党中央各部门，各省、自治区、直辖市及计划单列市人民政府，国务院各部委、各直属机构，中央军委办公厅、各总部、各军兵种、各大军区。

全国人大常委会办公厅，全国政协办公厅，高法院，高检院。

各民主党派中央。

附录二

武陵山片区区域发展与扶贫攻坚规划（2011—2020年）（节选）

第三章 空间布局

第二节 空间结构

经济协作示范区。设立武陵山龙山来凤经济协作示范区，大力推进行政管理、要素市场、投融资体制等领域的改革，全面推进城乡统筹、基础设施、公共服务、特色产业、生态建设与环境保护等一体化建设，为区域一体化发展发挥示范带动作用。

专栏3 龙山来凤经济协作示范区
龙山、来凤两县国土面积4470平方公里，人口90．4万人。两县县城一水相隔，现有城区面积共30平方公里，城区人口25万人。龙山来凤经济协作示范区建设步骤为：到2012年，做好总体规划和专项规划，在同城建设、统筹城乡、公共管理等方面的协作发展取得初步成果；到2015年，在城乡建设、基本公共服务均等化、特色产业发展、生态环境保护等方面取得新进展，一体化发展格局基本形成；到2020年，全面建成一体化发展体系，成为武陵山片区的重要城市和经济增长极。

附录三

关于《武陵山龙山来凤经济协作示范区发展战略规划》的批复

（湘发改赈〔2012〕815 号）

龙山县人民政府、来凤县人民政府：

你们上报的《武陵山龙山来凤经济协作示范区发展战略规划（2011—2020 年）》收悉，经湖南省发展改革委和湖北省发展改革委认真会商研究，并报请湖南省人民政府和湖北省人民政府同意，现批复如下：

一、原则同意《武陵山龙山来凤经济协作示范区发展战略规划（2011—2020 年）》（以下简称《规划》），请认真组织实施。

二、《规划》的实施要深入贯彻落实科学发展观，按照“规划一体布局，产业一体发展，基础设施一体对接，公共服务一体优化，就业保障一体统筹，生态环境一体建设”的思路，充分发挥龙凤示范区地缘优势，以城区资源整合为主线，以龙凤新区建设为突破口，抓好龙凤示范区十个一体化协作领域及黔张常铁路、酉水河综合治理等十大重点工程项目建设，加快推进龙山、来凤城区建设步伐，构建“一水、双城、三区、四片、多组团”的空间发展布局。着力加强基础设施建设和生态建设，着力培育特色优势产业，着力改善农村基本生产生活条件，着力促进人力资源开发，着力发展社会事业，着力加强体制机制创新，优化资源配置，拓展经济发展新空间，努力把龙凤示范区建设成为全国贫困地区跨省经济协作示范区、全国贫困地区扶贫攻坚示范区、国内外知名生态文化旅游区、全国民族团结进步示范区。

三、《规划》的实施要贯彻《国务院〈关于武陵山片区区域发展与扶贫攻坚规划（2011—2020年）〉的批复》精神，以国务院扶贫办、国家发改委共同编制发布的《武陵山片区区域发展与扶贫攻坚规划（2011—2020年）》为指导，扎实推进龙凤示范区的协同发展与扶贫攻坚。2012年，在城市共建、统筹城乡、资源共享等协作共建领域开始起步。到2015年，行政管理、要素市场、投融资体制三大领域改革和十个一体化建设工程取得较大进展，龙凤示范区一体化发展格局基本形成。到2020年，行政管理、要素市场、投融资体制三大领域改革和十个一体化建设工程取得重大成就，全面建成一体化发展体系，成为武陵山片区重要城市和经济增长极。

四、两县人民政府要切实加强对《规划》实施的组织协调，健全工作机制，落实工作责任，按照《规划》确定的指导思想、战略定位、发展目标、空间布局和产业发展重点，组织编制好两县《规划》实施方案。在此基础上，两县要进一步加强团结协作，进一步加强沟通配合，协调解决工作中遇到的困难和问题，确保各项工作任务和改革措施落到实处，达到责任共担、资源共享、互助共进，合力推进《规划》顺利实施，努力促进龙山、来凤两县经济社会又好又快发展。

湖南省发展和改革委员会办公室

湖北省发展和改革委员会办公室

二〇一二年七月四日

主题词：经济 协作示范区 规划 批复

抄报：国务院扶贫办、国家发改委、国家民委

湖南省发展和改革委员会办公室　2012年7月6日印发

附录四

武陵山龙山来凤经济协作示范区发展战略规划

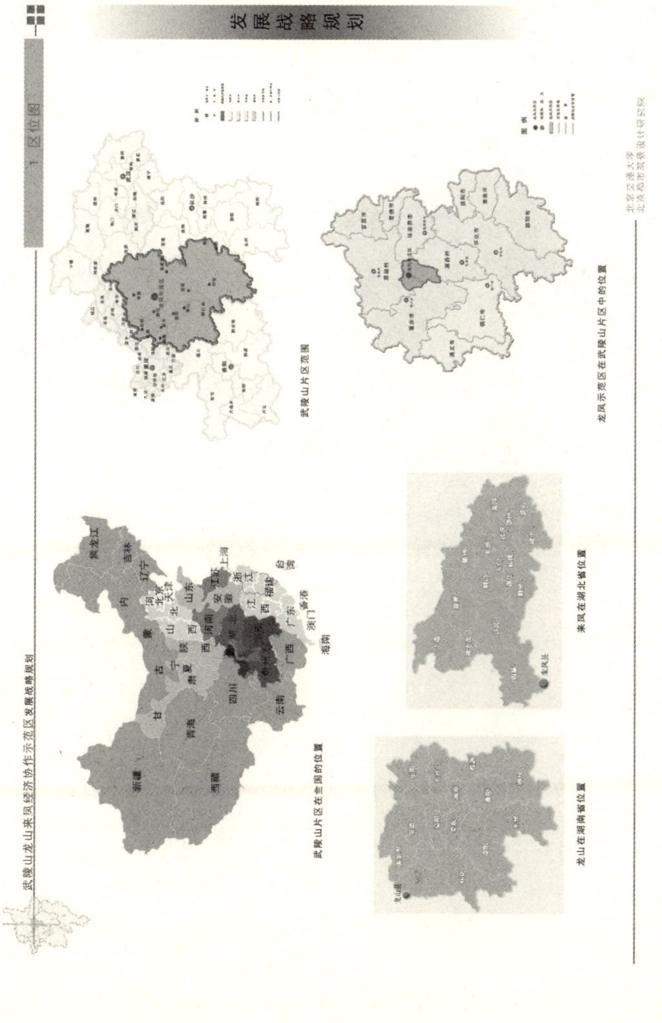

发展战略规划

2 城镇体系规划图

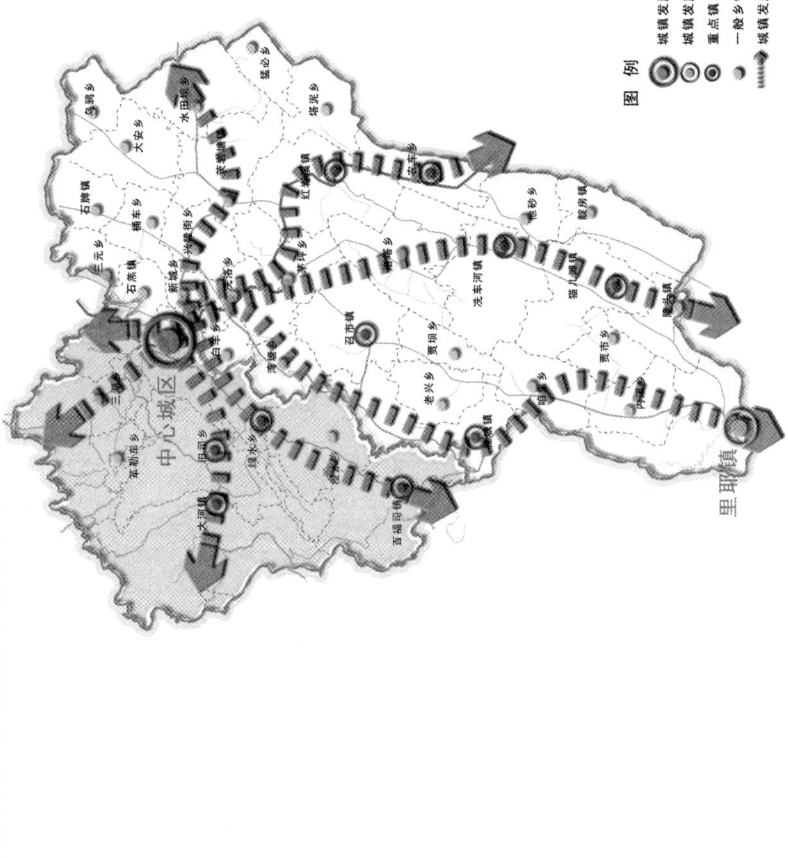

北京交通大学
北京都市筑景设计研究院

武陵山龙山来凤经济协作示范区发展战略规划

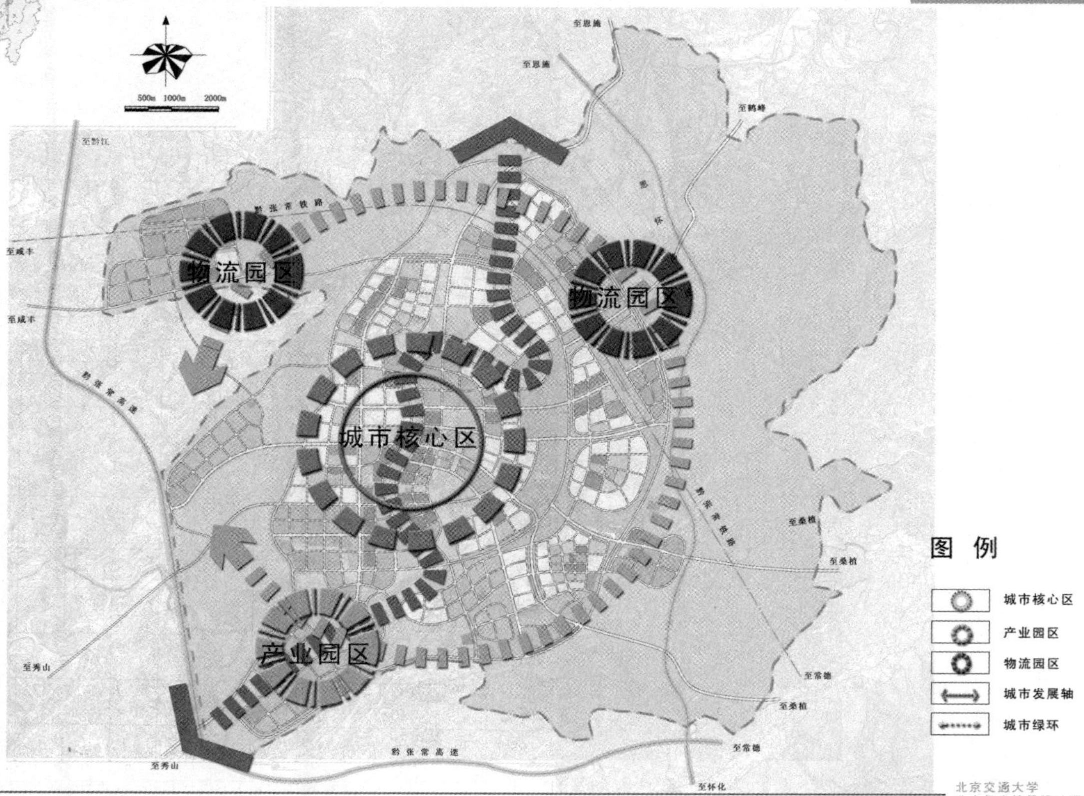

北京交通大学
北京都市筑景设计研究院

4. 产业布局规划图

发展战略规划

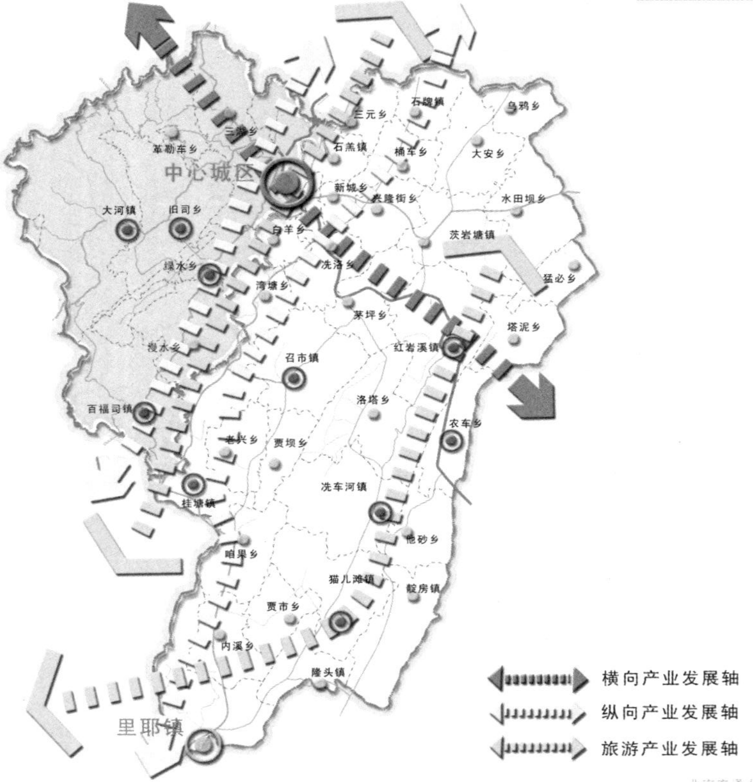

北京交通大学
北京都市领袭设计研究院

北京交通大学
北京都市筑景设计研究院

6. 铁路现状图

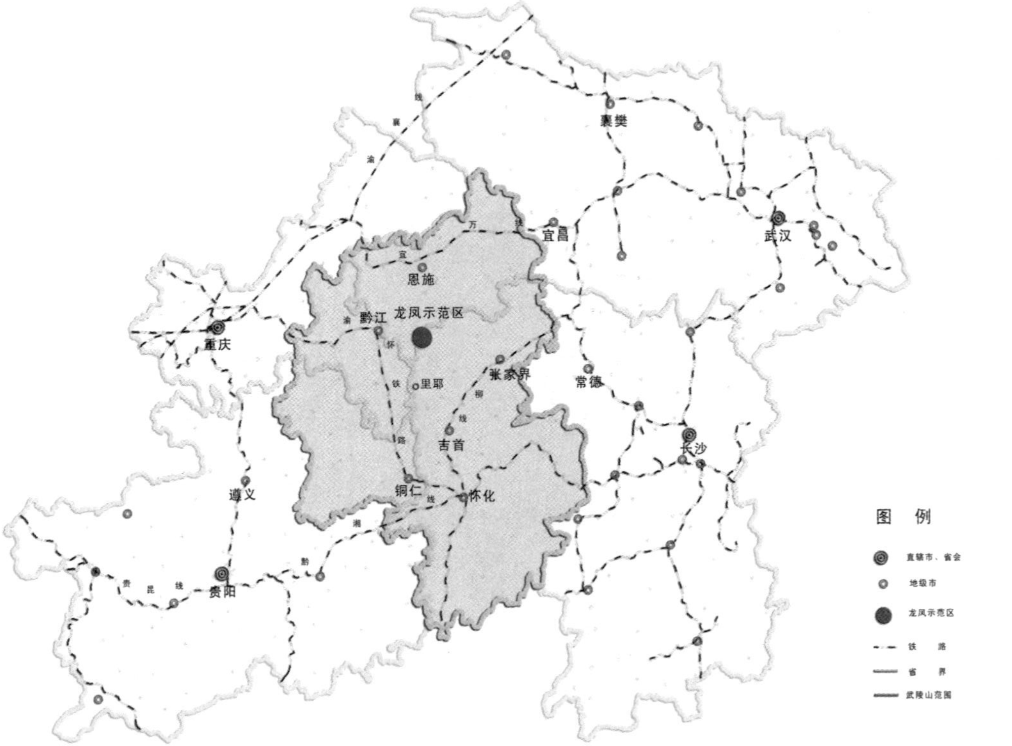

北京交通大学
北京都市筑景设计研究院

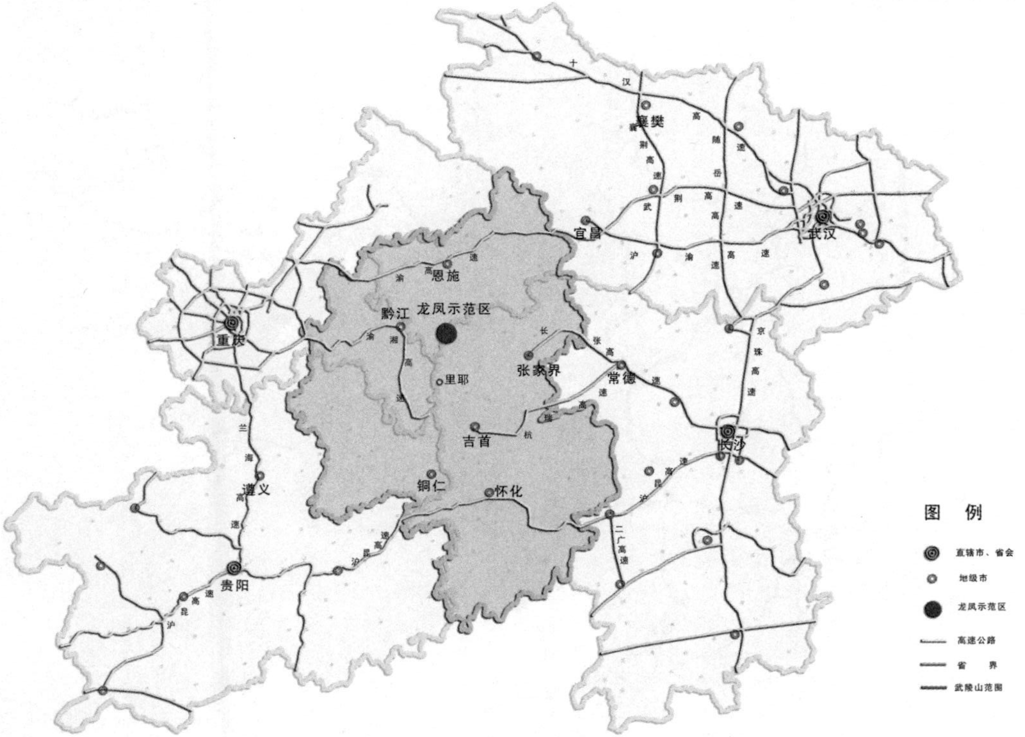

北京交通大学
北京都市筑景设计研究院

8. 国道网现状图

北京交通大学
北京都市筑象设计研究院

9. 机场布局现状图

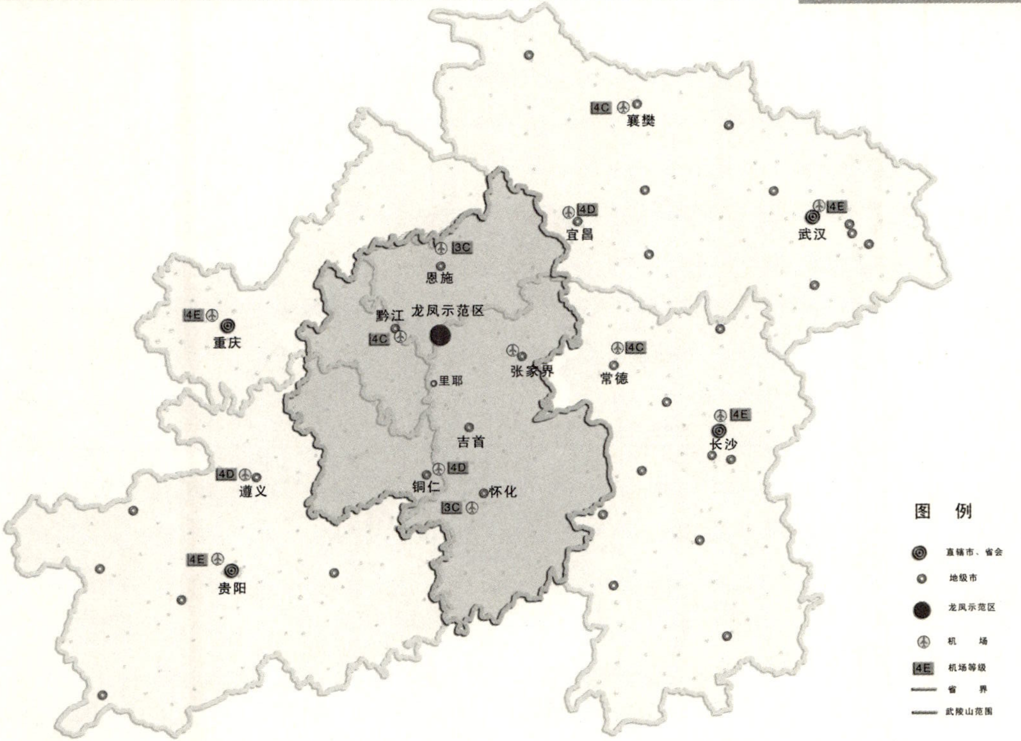

北京交通大学
北京都市筑景设计研究院

发展战略规划

10. 小时交通圈图

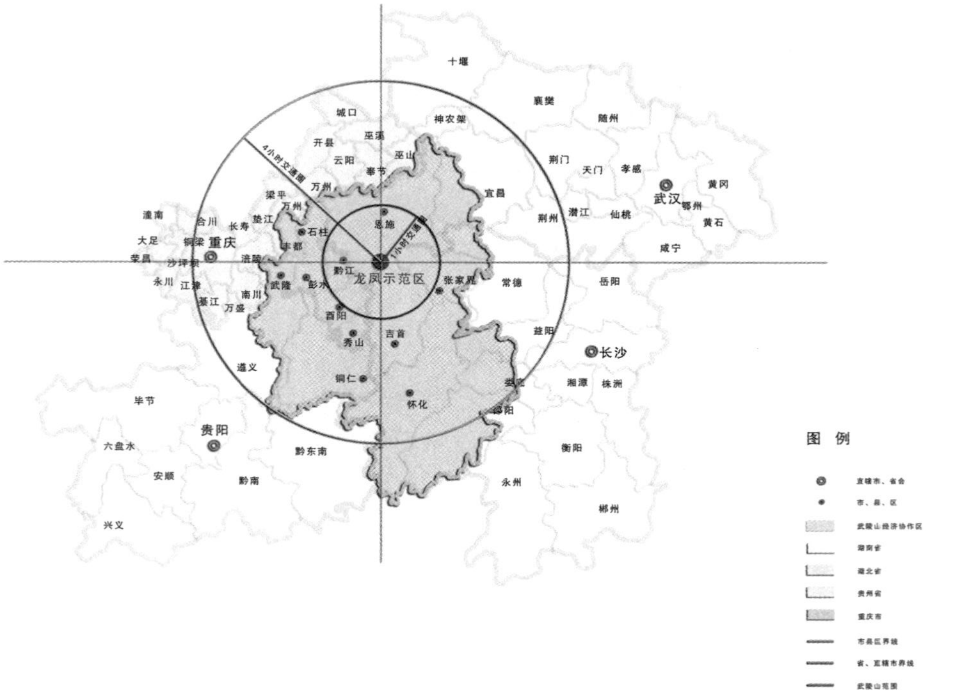

北京交通大学
北京都市筑景设计研究院

11. 铁路系统规划图

发展战略规划

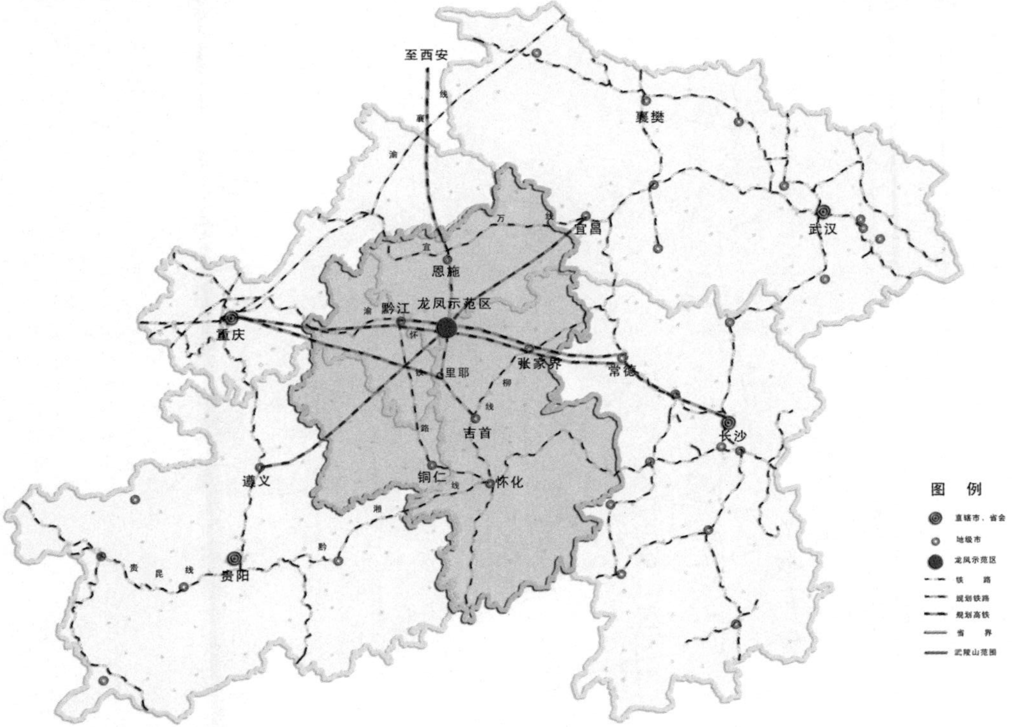

北京交通大学
北京都市筑景设计研究院

发展战略规划

12. 高速公路系统规划图

13. 等级公路系统规划图

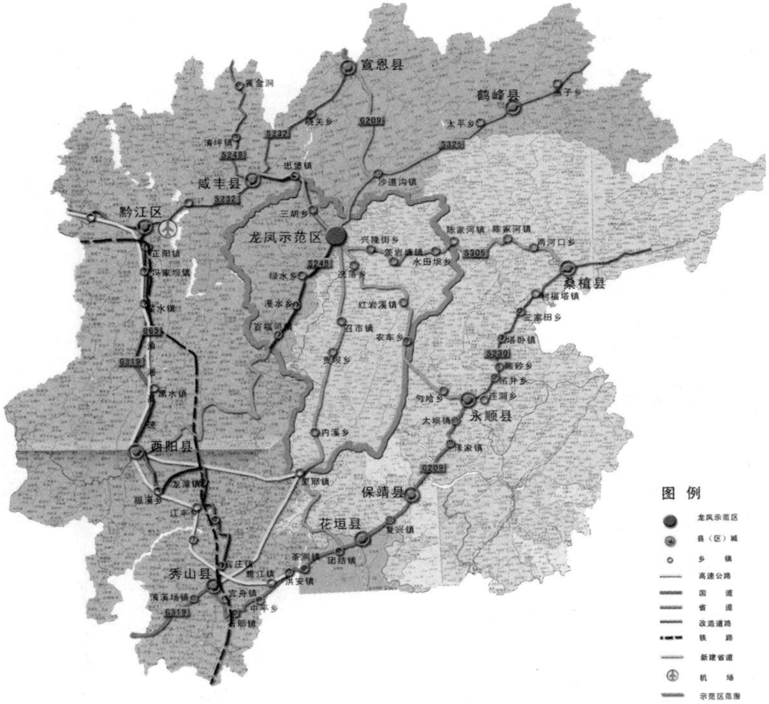

北京交通大学
北京都市筑景设计研究院

发展战略规划

14. 机场布局规划图

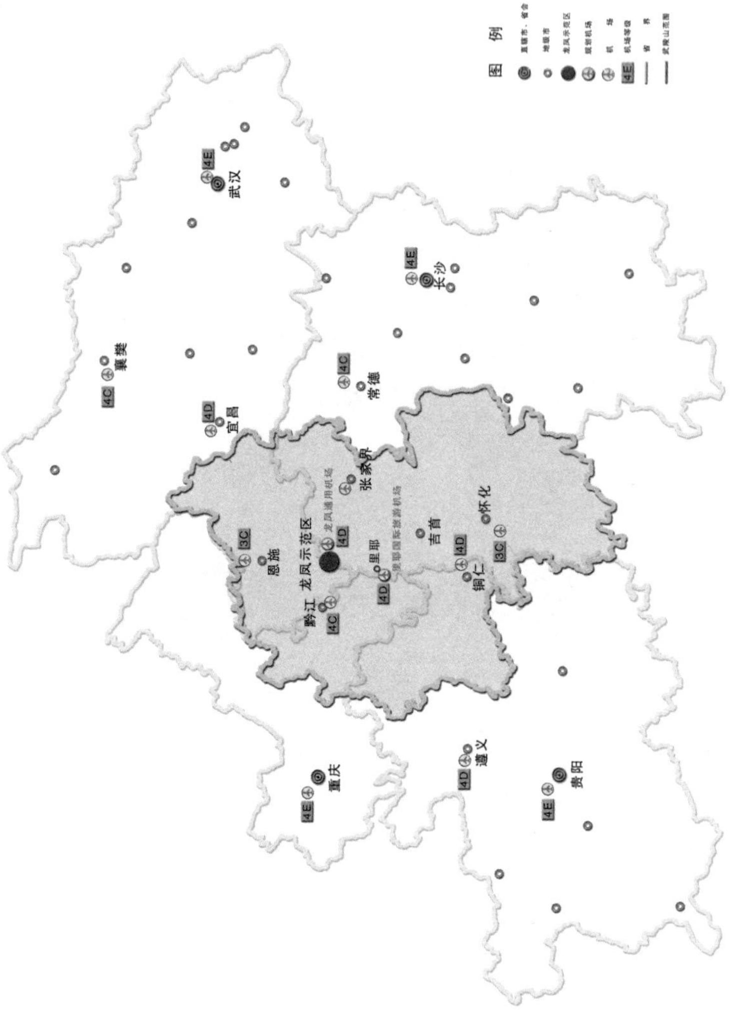

武陵山龙山来凤经济协作示范区发展战略规划

北京交通大学
北京都市筑景设计研究院

发展战略规划

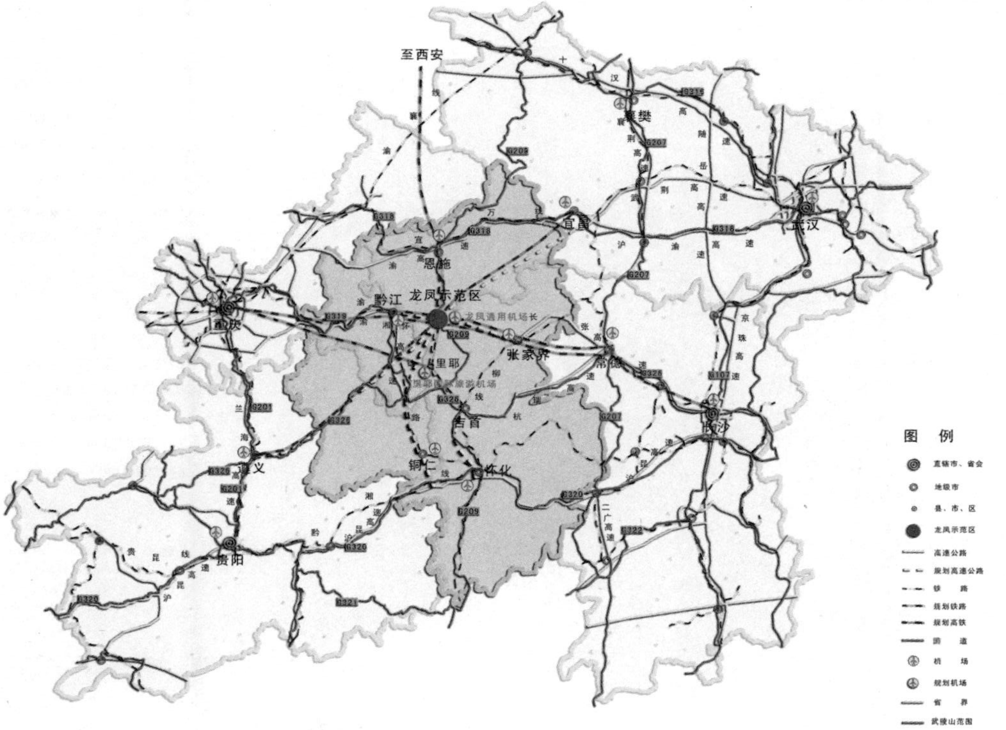

北京交通大学
北京都市筑景设计研究院

武陵山龙山来凤经济协作示范区发展战略规划

16. 水安全格局图

发展战略规划

综合水安全格局 WATER SECURITY PATTERN

降水分布 PRECIPITATION
地形高程 DEM
径流系数 RUNOFF COEFICIENT
历史洪涝灾害 HISTORICAL FLOOD

综合水安全格局对构建城市雨洪管理系统，恢复湿地、坑塘系统和河道自然 形态，以及建立以保护物种多样性和生物栖息地为目的的生物廊道网络，形成人 与自然和谐共处的可持续的景观，形成生态景观特色.

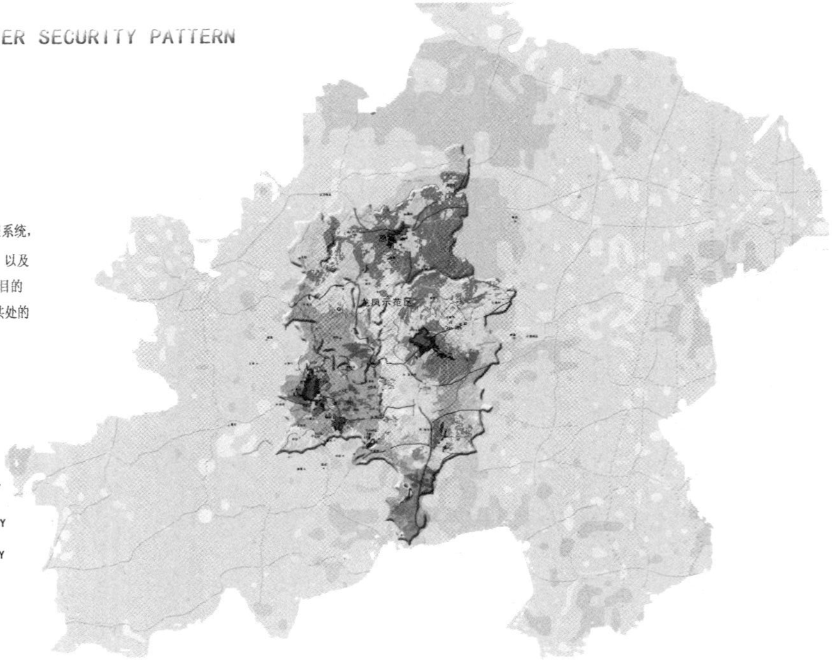

图 例 LEGEND

- 低安全水平 AREA AT LOWER SECURITY
- 中安全水平 AREA AT MEDIUM SECURITY
- 高安全水平 AREA AT HIGHER SECURITY
- 建成区 BUILT AREA
- 道路 ROADS

北京交通大学
北京都市弘景设计研究院

地质灾害安全格局 GEOLOGICAL DISASTER SP

地质灾害分布 DISTRIBUTION
坡度 SLOPE
土地覆被 LAND COVER

地质灾害的安全格局，反应了地质灾害的高发区及地质的薄弱环节，此地区的植被和居民的生命财产安全都受到地质灾害的严重影响，需要政府通过植树造 林和加强基础设施建设来提高地质灾害重地区的安全水平。

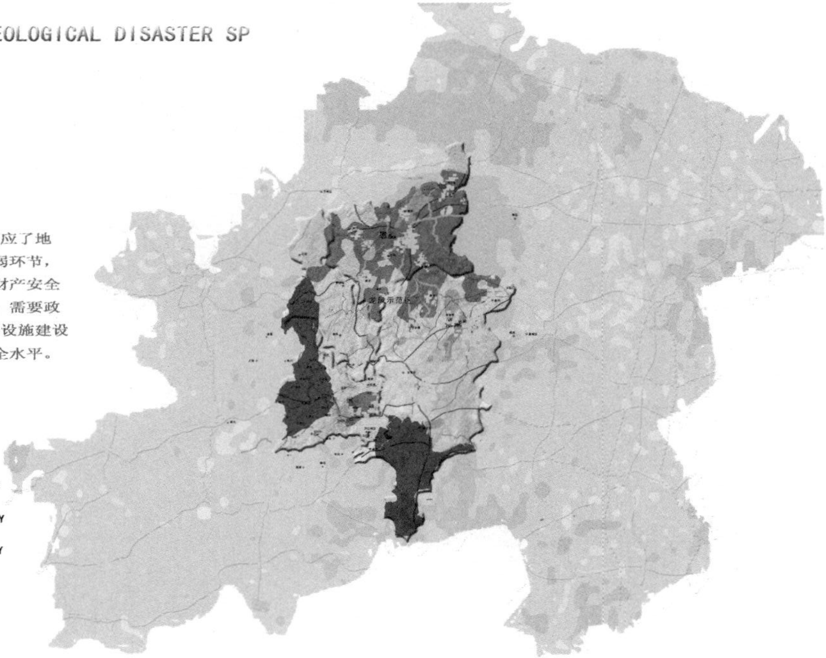

图 例 LEGEND

- 低安全水平 AREA AT LOWER SECURITY
- 中安全水平 AREA AT MEDIUM SECURITY
- 高安全水平 AREA AT HIGHER SECURITY
- 建成区 BUILT AREA
- 道路 ROADS

发展战略规划

生物安全格局　SECURITY PATTERN FOR BIODIVERSITY

指示物种　FOCUS SPECIES
栖息地适宜性　SUITABILITY
土地覆被　LAND COVER

生物保护安全格局，物种的聚集地和生物的最适宜生存的湿地是建立生态涵养区的关键。

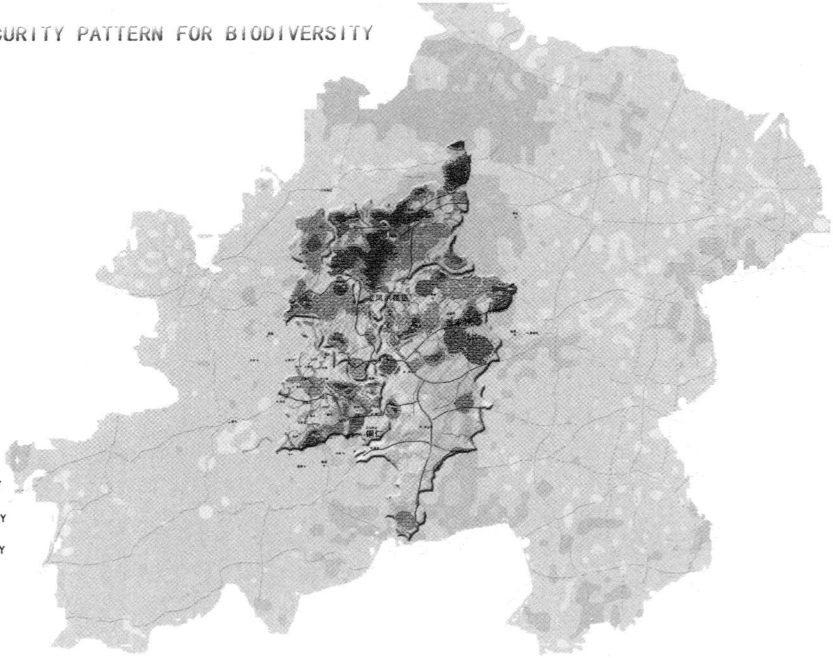

图例 LEGEND

- 低安全水平　AREA AT LOWER SECURITY
- 中安全水平　AREA AT MEDIUM SECURITY
- 高安全水平　AREA AT HIGHER SECURITY
- 建成区　BUILT AREA
- 道路　ROADS

后记

2011年10月22日，国务院以国发〔2011〕125号文件批复《武陵山片区区域发展与扶贫攻坚规划（2011—2020年）》，确定在湖南省湘西州龙山县、湖北省恩施州来凤县设立武陵山龙山来凤经济协作示范区（简称龙凤示范区）。几年来，龙山县委党校从理念融合、机制创新、协作共建等方面入手，就如何“尽快把龙凤示范区建设成武陵山片区的重要城市和经济增长极，充分发挥其在区域一体化发展中的示范带动作用”进行深入调查研究，撰写出了一批具有实践指导意义的理论文章。

本书之所以能够付梓出版，与其说是龙山县委党校科研人员几年来艰苦努力的结果，倒不如说是众多关心者、支持者共同的智慧和劳动结晶。

湖南省委党校（行政学院）常务副校（院）长张国骥教授，湘西州委常委、州委宣传部部长、龙山县委书记周云同志对本书的出版给予了极大关注，在百忙之中欣然为本书作序推荐。湘西州委党校副校长邓联繁教授为本书提供创意及全过程学术指导。龙山县委常委、常务副县长、县行政学校第一校长蔡龙同志，龙山县委常委、县委组织部部长、县委党校第一校长石红梅同志，龙山县委党校（行政学校）校长谭贤安同志自始至终领导和参与了对本书的组织指导工作。龙山县委党校副校长、高级讲师罗继学同志，龙山县委党校高级讲师车丕湘同志对本书进行了指导和审阅，特别是作为湘西州高学历引进人才、硕士研究生郑平同志对本书的每篇文章进行了精心修改，并对本书进行了统稿。在此，还要特别感谢来凤县委党校、来凤县史志办的部分同志亲自参与本书的撰写工作，为本书的内容增色不少。龙山、来凤两县的发展与改革局、龙凤示范办、统计局等单位及各乡镇（街道）的领导和同志们为编者的采访和调研给予了极大的方便，并提供了两县县情及龙凤示范区区情宝贵的第一手资料。知识产权出版社的同志们为此书出版、印刷付出了艰辛的劳动。借此机会，向所有给予了关心和支持的领导和同志们，表示诚挚谢意！

我们深知，对龙凤示范区建设的研究是一项实践性很强的工作，也是颇具挑战性的工作，我们的研究还只是刚刚破题，还需要进行多层次、全方位的深入探讨。目前呈现在读者面前的只是我们的初步研究成果，由于水平有限，书中的疏漏在所难免，恳请广大读者批评指正。

编　者

2016 年 7 月